賢人は人生を教えてくれる

ローマの哲人
セネカの人生論

shoichi watanabe
渡部昇一

致知出版社

まえがき

昨年亡くなった谷沢永一さんと私は、『論語』をはじめとするさまざまな古典的な名著についての対談を三十年近く続け、二十数点の対談本をつくりました。

その谷沢先生と最後に「対談したいな」と言い合っていたのが、ローマの哲人セネカでした。しかも「セネカの老齢についてや、人生一般に関する考え方について話し合いたいな」という具体的なプランまでできあがっていました。谷沢先生ご自身は亡くなられる数年前に、『ローマの賢者セネカの智恵――「人生の使い方」の教訓』という本を講談社から出しておられます。この本もあわせて使って、ぜひお話ししたいと思っていたのでありますが、谷沢先生は残念ながら入院されてしまいました。

入院されてからも、しばしば対談をしたいという意思は谷沢先生から伝えられ、私からも谷沢先生にその希望を伝えました。谷沢先生も私も、もう八十歳の老人でありますから、セネカの「老年と死について」とか、「人生の短さについて」を題材に語るには十分な資格があるのではないかというようなことを話し合い、楽しみにしていたわけであります。

しかし、谷沢先生は病気がよくなられず、最後のときは病院でお弟子さんに口述されたお手紙をいただきました。その最後の最後まで、セネカについての対談ができなかったことを、私に対して詫《わ》びておられました。私もそれを大変残念に思っています。

その谷沢先生の思いを引き継いで、今、谷沢先生のご著書をも参照しながら、セネカの「人生の短さについて」を中心に「老年と死について」についても語りたいと思っています。

セネカ参考書としては、東海大学出版会から『セネカ道徳論集』『セネカ道徳書《しょ》簡《かん》集』『自然研究』という貴重な三冊が出ています。また、その中から取った『人生の短さについて他二篇』と『怒りについて他二篇』が岩波文庫に入っております。

谷沢先生が前著の中で挙げておられますが、そのすべては茂手木元蔵《もてぎもとぞう》という方の訳によるものです。茂手木元蔵さんは東大哲学科を出られた方で、『岩波哲学小辞典』の編者でもあった山形・酒田出身の哲学者伊藤吉之助先生の弟子にあたります。伊藤吉之助先生は私の中学の先輩でもありまして、東大哲学科の主任教授としてドイツ哲学を中心とする近代哲学を専攻されていました。ドイツ留学中には、大著『存在と時間』の著者である大哲学者マルティン・ハイデッガーを家庭教師にしておられたことでも知られています。

茂手木さんが東大に入学されたときに、伊藤先生は「君は古典哲学をやりたまえ。現代哲学なんかは底が浅いから二年ぐらいで終わってしまう。古典哲学は深いからね」というようなことを言われたようです。茂手木さんはカントをやるつもりだったようですが、伊藤先生の忠告に従ってアリストテレスについての論文を書き、セネカについての三つの巨大なる翻訳書を出されたわけです。

茂手木さんがお使いになったテキストは、ラーブ版のクラシカルライブラリーです。ですから、われわれがこれから読んでいくのは、ラーブ版のセネカの「モラル・エッセイズ」（日本語版書名『セネカ道徳論集』）の2ということになります。

それに付け加えて、私は『セネカ道徳書簡集』から「老齢と死について」を取り上げていきたいと思っております。こちらのほうは、ラーブ版のクラシカルライブラリーでは『書簡』の1に収められています。

ちなみに、このラーブ版クラシカルライブラリーについて申し上げれば、このライブラリーをつくったラーブという大金満家は、おそらくフィリップ・ギルバート・ハマトン（『知的生活』の著者）のアドバイス、すなわち
「ギリシア・ラテンの古典というものは、西洋人が勉強しても、マスターするのに人生の半分をかけなければならず、それを忘れないようにしておくには、また半分をかけなければならない」

という言葉からヒントを得てつくったように思われます。というのも、ラーブ版クラシカルライブラリーは、見開きページの左側に原文を、右側に英訳を付けるという、読みやすく、覚えやすいような編集上の工夫をしているのです。ただ、その結果として、数百巻の大全集になってしまいました。

これは日本でいえば、『国訳漢文大成』といったものに近いと考えればよろしいかと思います。ですから、私も訳文について問題があるときは、ラーブ版の原文に当たることにしましたが、翻訳としてはおおむね谷沢先生も引用しておられる茂手木さんの訳を使うことにしたいと思います。

谷沢先生との対談は叶《かな》いませんでしたが、この小著により、谷沢先生との約束を果たせたのではないかと思います。あらためてここに谷沢先生のご冥福《めいふく》を祈る次第であります。

同時に、西洋を代表する哲学者であるセネカの人生哲学を学ぶことによって、命ある時間をどのように使えば悔《く》いなき一生を送ることができるのかを考える糧《かて》にしていただけるのではないかと思います。セネカの哲学には、東洋に生まれたわれわれにも得心《とくしん》のいく部分が多く含まれていますので、自分の生き方に引き寄せて読んでいただくとよろしいでしょう。

読者のみなさんが日々生きていくうえで本書がなんらかのお役に立つとするならば、著者として誠に幸いに思う次第であります。

装　幀——川上成夫
編集協力——柏木孝之

賢人は人生を教えてくれる　目次

まえがき　1

第一章　気高い精神を追い求める――ゼノンとストア哲学

「ストイック」の語源となったストア哲学　16
儒教に通ずるゼノンの「徳」を重んじる哲学　18
精神の修養に励んだローマの武人たち　20
内省的なセネカに共感し尊んだキリスト教徒　22
セネカが示した新しい哲学への道　23

第二章　内省に生きる――セネカの生涯

ローマの植民地で生まれたセネカ　30
政治の世界で光った抜群の演説力　32

セネカの雄弁を恐れたクラウディウス皇帝　35
「皇帝の友人」としてネロを支える　37
高まる批判とネロとの対立　40
ルーベンスによって描かれた「セネカの死」　44
自らに与えられた運命に従って生き、死んでいく　49

第三章　人生という時間の捉え方

人生は十分に長いが、大部分は無駄に使われている　54
無意識のうちに時間を浪費している人間　57
努力から逃げ、ますます人生を短くしている現代人　60
一寸の光陰軽んずべからず――人生に抱く実感　63
無駄に見えて無駄ではない時間の使い方もある　65
「オティウム」と「ネゴティウム」――対立する二つの観念　70
内省こそすべてと考えるセネカの発想　72

「人生」と「時間」とは別のものである 76

第四章 主体的に生きるための時間術

「主体的に生きること」と「忙しく生きること」 82
主体的に生きるために自分を耕す時間を持つ 84
財産を守るように自分の時間を守る 86
大きな成果を上げた人は必ず時間の工夫をしている 88
紋次郎の自由と次郎長の不自由、どちらを選ぶか？ 92
若いときの勉強の工夫が人生の時間を長くする 95
なぜ地位役職を得たいのか、その動機を問う 97
名誉欲は人情の自然、無理に否定する必要はない 99
逆境に強く順境に弱いストア哲学 101
酒は飲むべし、飲まれるべからず 104
多忙を憎むのは「嫉妬」の論理である 107

「雑事」に価値を見出した新渡戸稲造の卓見 109

第五章 この一瞬を真剣に生きる

哲学者としての覚悟――セネカはなぜキケロを批判したか 114
不平を口に出すだけでは人生は変わらない 117
現実を見据えて未来を思い描くことが大切 119
今を一所懸命に生きることが後悔のない人生をつくる 122
悔いのない終わりを迎えるために今をどう生きるか 124
時間を金銭換算する考え方を広めた資本主義 126
一生を酔生夢死で終わらせないために 129
明日よりも今日を生きるしかない時代がある 132
内発的な努力と結びつくような夢を描く 135
しかるべきときにしかるべきことをやる 137
過去を振り返り、内省によって自己を深める 139

人生の手応えを感じていれば忙しさにも意味がある　143

第六章　賢人は人生を教えてくれる

なぜセネカは考証研究を無価値なものと考えたのか　152
歴史とは虹のようなものである——考証研究の意義　155
無駄と思えるものに時間を使える国を文明国という　158
賢人の教えに学ぶ者のみが本当に生きている　162
先賢の英知という財産を自分のものにする　166
過去に残されているのは思い出だけではない　171
過去を学んで心の平安を得る——哲学生活のすすめ　174
名誉を求めて貴重な時間を費やす生き方への疑問　179
政治家としての実行力を評価したい高橋是清　182
なぜいくつになっても地位に固執する人がいるのか　186

第七章 悔いなき死を迎えるために

死というものの捉え方は宗教によって異なる 192
幸田露伴が教える「逆順入仙」という考え方 195
よりよい死を迎えるためになすべきこと 197
死ぬことに対して悟りを開く 201
理想の老いとはどういうものか 202
生涯現役のまま死んでいくという生き方もある 206
死はすべてを明らかにする 209
死を学ぶことは悔いなき人生を生きること 212
長生きすると静かに死を迎える心境に至る 216

あとがき 223

◉第一章◉

気高い精神を追い求める

——ゼノンとストア哲学

「ストイック」の語源となったストア哲学

最初に、本書で取り上げるセネカが生涯をかけて追究したストア哲学について述べておきましょう。

セネカは悪名高きローマの暴帝ネロの若き日の先生でした。しかし、最後はそのネロに命じられて自殺をしています。その死に際が見事であったこと、また著作の数が膨大《ぼうだい》であったこともあって、ローマを代表する思想家として名を馳《は》せています。近世になってからも、ヨーロッパ諸国の高等学校、大学でセネカのテキストは最も読まれたものとなって、その高名は今日に至るまで続いています。

そういうわけですから、ルネサンス以後の西洋人の教養の非常に多くの部分はこのセネカによって形成されていると考えておけば、彼らの考え方を理解する助けとなるといって過言ではないでしょう。

セネカは政治的な活動もしていますが、もともと哲学者です。彼の哲学は「ストア学派」と呼ばれるものに属しています。ストア学派というのは、紀元前三三五年から紀元前二六三年頃まで生きたキプロスのゼノンという人が最初に唱えた哲学です。このゼノンは当時としては奇跡的な長寿の人で、説によっては九十八歳くらいまで生きたといわれています。

キプロスのゼノンは元来商人で、地中海で商売をしていました。あるとき、フェニキアに行った帰りに嵐に遭《あ》って、アテネに上陸することになります。そのアテネの本屋で偶然手にしたクセノフォンの『ソクラテスの思い出』を読んだことから、ゼノンは哲学に目覚めます。そして、そのままアテネにとどまって哲学の研究を始め、やがてその地に学校を開くのです。

ゼノンは「ポルチコ」といわれる建物――これは屋根のついた吹きっぱなしの柱《ちゅう》廊《ろう》ですが――で講義を行いました。このポルチコ、別名を「ストア」といいます。そのため、そこで勉強した人を「ストア学派」というようになったのです。

すなわちストア学派とは「柱廊学派」と直訳できるわけですが、それは勉強を行った場所を指しているのです。また「ストイック」（禁欲的な）という言葉がありますが、その語源はストア哲学にあります。ストア哲学を勉強した人たちを「ストイックス」と呼んだのです。

儒教に通ずるゼノンの「徳」を重んじる哲学

このゼノンはアテネでは非常に尊敬を受けて、石像まで建てられています。性格は厳格であり、節制に努め、その哲学は「徳」、英語でいえば「virtue」を重んじました。

ゼノンは、宇宙のシステムは社会のシステムと調和しているものであるといいます。そこから、

「親は子に優しく、子は親に感謝すべきである」

「困っている友人がいたら助けなさい」

というような人間関係の調和をはかる智恵を授けています。

また、「精神の善は肉体の善に勝る」というような教えもあります。ゆえに、病

気、貧しさ、苦しさ、喜びなどにはあまり心を動かさないようにして——宇宙の法則は変えることができないのだから、それを変えようと祈ってもしかたがない——と、剛毅《ごうき》に逆境に耐え、宇宙の意志に従うことを教えています。そして、感情、情欲などを支配することを教え、かつ実行したのです。

東洋思想を知るわれわれの目から見ると、ゼノンの思想は儒教《じゅきょう》に似ています。儒教にも、天の秩序の中に人間の倫理・徳目の根源があると考える学派がありますが、どうもそれに近いような感じがします。

ゼノンはこのような考え方に従って、怒りの感情は表に出さず、快適な行為は内的な感情を示すものであるからとして、常に品位ある、倫理的な行為をすることに努めました。そして、徹底的な内省をし、徳のある人間はいかなる外的な災害に遭っても幸福であり得ることを示しました。

彼の有名な言葉に「人間は二つの耳と一つの口を持っている」というものがあります。これは「あまりしゃべらずに人の言葉によく耳を傾けなさい」という意味の教えとして使われました。よりよく聞くために、神は人間に二つの耳を与えたもうたのだというわけです。

この言葉のとおり、内省に内省を重ねたゼノンは、神というのは宇宙の魂でもあるという結論に至りました。そして、宇宙というものは人間でいえば肉体であり、神のほうは人間の魂（精神）に応ずるという世界観と人間観を持つようになります。そこから「精神と体が完全に調和して一致することが宇宙の法則に一番合った生き方である」ということを教えたのです。

精神の修養に励んだローマの武人たち

このゼノン＝ストア学派の考え方はギリシアで始まったわけですが、ローマになると武人の道徳に非常にマッチしました。果断で断固として行動するけれども、常に平静で品位がある。また、社会的なことには有用な人物であるけれども、外的環境には左右されない。ローマの武人たちは、そういう人物になることを人生の目的として修養に励むようになったのです。

内省的で厳格なストア学派はそういうローマの武人たちに受け入れられ、ローマで大きく発達していきました。

「宇宙の秩序に従え。精神も肉体も鍛えよ。そして、とくに体の苦痛や怒り、情欲、嫉妬《しっと》、悲しみ、死の恐怖などに平然としていられるように修養をせよ」

というストア哲学はローマにおける哲学の主流になります。

このストア哲学者の代表的な人物にはセネカ、エピクテトス、ローマ皇帝のアントニヌス・ピウスとマルクス・アウレリウスがいます。

このうちエピクテトスはギリシア人ですが、奴隷《どれい》としてローマ皇帝ネロ（先述のようにセネカが家庭教師を務めた）に売られ、のちにローマから追放されてニコポリスで学校を開いています。エピクテトスは書物を残していませんが、弟子がまとめた『人生談義』という本があります。

アントニヌス・ピウスは第十五代皇帝、彼の甥《おい》にあたるマルクス・アウレリウスは第十六代皇帝です。マルクス・アウレリウスは『自省録《じせいろく》』を残し、哲人皇帝として有名です。

しかし、ストア哲学者の中で最も著作数が多く、影響力も大きい人物といえば、やはりセネカということになります。

内省的なセネカに共感し尊んだキリスト教徒

本書ではセネカの「人生の短さについて」を取り上げますが、ここにはセネカのストア哲学者としての本領が出てきたという感じがします。彼は徹底的に自己検証を行い、内省に内省を重ねて、神や摂理《せつり》について説いています。

このセネカの姿勢が、後世、非常にキリスト教の教えと合っているかのように受け取られるようになりました。セネカの説く神や摂理は、キリスト自身とはいわないまでも、キリストの神とそっくりだと受け取られたのです。

セネカはパウロと手紙を取り交わしていたという言い伝えがあり、実際に手紙も残っています。ただ、これは誰かが捏造《ねつぞう》した偽物といわれていますが、そういう話が出てくるぐらい、セネカの思想はキリスト教に近いものになっていくのです。

また、セネカは「殉教《じゅんきょう》」という言葉は使っていませんが、その思想を見ると殉教を認めるような内容になっています。そのため、後世のキリスト教徒はセネカを非常に尊ぶようになりました。

セネカはソクラテスと比べ得るような人間として見なされ、絶えず向上を目指すその内省の仕方が新しい西洋思想の一つの出発点になっていきました。このセネカの内省の仕方はアウグスティヌスの回想録（『告白』）につながるといわれています。

セネカが示した新しい哲学への道

セネカはもちろんラテン語で考えたわけですから、それを文字に書き記すとラテン哲学の言葉が出てきます。この延長上に中世のストア哲学のボキャブラリーが出てくるのですが、セネカ以前のラテン語では、とても哲学などできなかっただろうといわれています。つまり、セネカから始まった、以前とは違う明晰《めいせき》なラテン語によって、緻密《ちみつ》なるストア哲学への道が開かれ始めるのです。

以下にセネカによって開かれた、当時の新しい哲学の考え方をいくつか記しておきましょう。

自由意志

思想史の中で、初めて自由意志というものを哲学の中心に持ってきたのがセネカであると伝えられています。

「徳」というものは強い意志と健全な意志によるものであるとセネカはいいます。意志があるかどうかで、その行為が正しいか正しくないかが決まってくるとセネカは考えました。すなわち、ある行為をしたこと自体がいいか悪いかではなく、その行為が意志に基づいて行われたかどうかで正邪《せいじゃ》を判断するべきである、というのです。

これは今では当たり前の考え方ですが、それがはっきり哲学として認められる端《たん》緒《しょ》となったのがセネカだったのです。

貧富の見方

面白いのは、セネカの貧富についての考え方です。

セネカは富について、富それ自体は悪くないという説を唱えています。これはわれわれ日本人であれば『論語』を思い出します。

里仁《りじん》第四にある次の言葉です。

「富と貴《たっと》きとは、是《こ》れ人の欲する所なり。其《そ》の道を以《もっ》てこれを得ざれば、処《お》らざるなり。貧しきと賤《いや》しきとは、是れ人の悪《にく》む所なり。其の道を以てこれを得ざれば、去らざるなり」（『論語』金谷治・訳注／岩波文庫・刊）

孔子も「富自体が悪い」とはいっていません。「それを得る道が間違っていなければ、それでいいのである」というのです。それから「貧乏はもちろんよくないけれど、それから逃れるために悪いことをしなければならないのなら、貧乏のままでもいい」ともいっています。

これはセネカもほとんど同じように解釈できる言葉を残しています。

積極的な死

ネロに隠退《いんたい》を申し出て拒絶されたものの実質的には公的な生活から退いたセネカは、部屋にこもり、哲学の研究や親友との交際に時を費やしました。その頃友人であるルキリウスにあてた書簡の中で、セネカは死を予感しています。何しろネロのことですから、いつ「死ね」といってくるかわかりません。しかし、生きることができなければ死ぬのだ、とセネカは非常に冷静です。これは明らかにソクラテスを手本にしているように思われます。

また彼は「自殺する力が意志の力の証明でもある」とまでいっています。自殺は独立を保障するものであるという見方をしているのです。これは、日本の武士の考え方と似ています。

自らの意志によって積極的に死を選ぶこともできる、自ら死を選択することで無駄死にせず、そこで生を輝かせることもできるというわけです。ローマ人がセネカを尊敬したのも、このような武士的な一面があったからではないかと思います。

セネカが日本でよく読まれたのも、こうした儒教や武士の考え方と似た部分が多々あるためでしょう。日本人にとっては、共感できる部分の多い思想家であり、哲学者であったことは間違いないと思われます。

◉第二章◉

内省に生きる

——セネカの生涯

ローマの植民地で生まれたセネカ

ここでセネカの生涯について簡単に述べておくことにします。

セネカ（ルキウス・アナエウス・セネカ）は紀元前一年（紀元前四年あるいは五年という説もある）にコルドバで生まれて、紀元六五年にネロによって自殺を命じられて死んでいます。ですから、死んだときの年齢は大体、七十歳前後と考えればよろしいでしょう。当時としては、非常な長命でありました。

ゼノンも長命でしたが、ストア学派の人たちはストイックで生活が規律正しかったためか、総じて長命の人が多いようです。

彼が生まれたコルドバは、ローマ帝国の植民地であったイスパニア（現在のスペイン）にありました。父親はその土地の騎士階級といいますからかなり高い階級の人物で、ローマ市民でした。有力者であったセネカの父親は、ローマの元老院《げんろういん》には入り損《そこ》ねたものの、それを狙うくらいの地位にありました。

その父親から三人生まれた中の次男にあたるのがセネカです。父親はセネカの教育のために、コルドバを去ってローマに行き、修辞学《しゅうじがく》と哲学を学ばせました。そこでセネカはプラトン哲学の流れを受け継ぐソティオンや、ストア派のアッタルスといった人々から学び、哲学に興味を抱きました。父親は最初からセネカを政治の世界に入れたいと考えていたようですが、ローマは圧倒的にストア学派が強い時代でしたから、セネカも自然とそれに感化されたようです。

ローマというのは、武力で非常に広範囲を征服しましたが、紀元の頃にはまだギリシアの文化が圧倒的でした。大体の知識階級はバイリンガルで、ギリシア語、ラテン語の両方を使っていましたし、学問にはギリシア語を使うのが常でした。ですから、セネカより少し先に生きた有名なキケロは、わざわざアテネまで勉強に行っています。

しかし、セネカの頃になると、すでにアテネは学問的にも尊敬されなくなっていて、学問の中心はローマに移っていたようです。ただし、もちろんセネカもバイリンガルで、ギリシア語を勉強しています。

紀元二〇年頃といいますから、二十歳を越えたあたりでしょう、セネカは病気を患《わずら》います。体が衰弱《すいじゃく》し、同時に鬱《うつ》病にかかったようです。この療養《りょうよう》のため、二〇代半ばの頃、セネカは叔母《おば》（母の妹）の夫が総督《そうとく》を務めていたエジプトへ行きました。そこで彼は、古代エジプトの思想やユダヤ人の古典を学んだり、ナイル川上流地域を訪れたりしています。また、その体験をもとに、流れ星やナイル川の氾濫《はんらん》などの自然現象について記述しています。これは当時としては優れた記録で、中世では地理の教科書としても使われるほどでした。

政治の世界で光った抜群の演説力

セネカは三十歳のときにローマに帰ってきます。そして財務官となり、三十五、六歳の頃に元老院に入り、政治の経歴を積み始めます。政治家としてのスタートは割と遅かったのです。

政治の世界でセネカを突出せしめたのは、なんといっても元老院や法廷で行ったラテン語による演説でした。彼はラテン語のスタイルを一新したといわれています。セネカの演説は簡潔であり、象徴的であり、非常に人気がありました。

それはセネカの言葉を読むと納得できます。私は岩波書店から出ている『ギリシア・ラテン引用語辞典』を二度、暗記しました。ラテン語の部分は八百五十ページぐらいありますが、セネカの言葉は非常にわかりやすいのです。同じラテン語でも詩人のオヴィディウスやルクレティウスなどは非常に難しくて、私には読めないといってもいいと思います。それがキケロになると少しわかりやすくなり、セネカになると非常にわかりやすくなります。

これはどういうことかと考えると、ローマ帝国の版図が広がるにつれていろいろな民族が入ってきたため、その人たちにもわかるようにラテン語が変化していったのではないかと思われます。ですから、中世あたりのラテン語であれば、私でもすらすら読めるほどです。

それは、われわれが二十世紀初めに書かれた小説を読むとき、イギリスのE・M・フォースターの小説は読むのに非常に時間がかかってくたびれるのに対して、アメリカのペーパーバックのベストセラーはすらすらと読めるのと同じようなものでしょう。

なぜアメリカの小説が読みやすいかというと、アメリカは古代ローマと同じようにいろいろな異民族が混じり合って形成されてきたという歴史があるからではないかと考えられます。つまり読者の裾野《すその》が広いために、誰もが読めるように、わかりやすい英語が使われているわけです。イギリスの場合は、小説は教養階級が読むものであるという前提のもと、約束事があって、味わえば味があるけれども、すっと読むには難しいのです。

そういうわけで、ギリシア・ラテンの名句を暗記しているときも、明らかにセネカあたりから暗記しやすくなるのを感じました。私はラテン語の専門家ではありませんが、やはりセネカはラテンの散文の歴史に一つの時代をつくった人だろうと実感できます。

実際にセネカのラテン語はわかりやすかったのでしょう。彼は民衆にも非常に人気があって、素晴らしい演説家とみなされていました。

セネカの雄弁を恐れたクラウディウス皇帝

演説家としてのセネカの名声に嫉妬したローマの第三代皇帝カリグラ（カリギュラ）は、とある事件をセネカが適正に処理したことに腹を立て、セネカを死刑にしようとしました。三七年の頃の出来事です。しかし、セネカと仲のよかったカリグラの姉妹（カリグラの愛人という説もある）が、「セネカは肺病ですから殺さなくても死にますよ」とカリグラに助言したことで、なんとか死刑を免《まぬが》れたといわれています。

確かにセネカは多病で、体つきも醜《みにく》かったようです。醜いというのは、要するに、彫刻の対象になるような体ではなかったということです。それなのに長生きしたというのは、よほど精神力が強かったのでしょう。

さて、そのうちカリグラが殺害されて、四一年にクラウディウスが第四代の皇帝に就きます。クラウディウスはカリグラの叔父《おじ》にあたる人ですが、セネカがカリグラのシスター――姉か妹かはわかりません――のジュリア・リヴィラという二十四歳の女性と関係があったとして島流しにし、リヴィラは処刑されてしまいます。これはクラウディウスの皇后であったヴァレリア・メッサリーナという女性の陰謀だったといわれますが、いずれにしてもセネカの雄弁を恐れたというのですから、おかしな話です。

このときセネカはコルシカ島に八年間流されています。ただ、島流しといっても、金にも本にも困らなかったので、極めて平和で静穏《せいおん》のうちで哲学の勉強をし、文章を書いています。そのときに『対話編』も書いていますし、手紙も書いています。また、悲劇も書いています。

悲劇といえばなんといってもギリシアのものであって、ローマ人の書いた悲劇というのは、ほとんどセネカの手によるものだけです。セネカはギリシア悲劇を範《はん》として『パエドラ』『狂えるヘラクレス』『トロイアの女たち』などを書いていますが、彼の書いた悲劇は単にギリシア悲劇の模倣《もほう》ではなく、ローマ人の心情に訴えかける中身を備えていたという点で独自性を有するものでした。

その後、四八年にクラウディウス皇帝がセネカに反感を持っていたメッサリーナ皇后を処刑するという事件が起こりました。皇帝が皇后を殺したわけです。なぜそんなことをしたのかというと、メッサリーナ皇后がガイウス・シリウスという男と姦通《かんつう》してクラウディウスを殺害しようと企んだからだといわれます。

メッサリーナ皇后を処刑したクラウディウス皇帝は、その後、前皇帝カリグラのもう一人のシスターであるアグリッピナと結婚します。

「皇帝の友人」としてネロを支える

このアグリッピナによってセネカは再びローマに呼び戻されます。なぜアグリッピナが彼を呼び戻したかというと、セネカを招いて民衆の人気を取り戻そうとしたのです。そして、自分と先夫グナエウス・ドミティウス・アヘノバルブスとの間の子、当時十二歳のルキウス・ドミティウス・アヘノバルブス（のちの皇帝ネロ）をクラウディウスの養子にし、セネカをこの子の教育係にしようと考えたのです。

五四年にクラウディウス皇帝がキノコ中毒で死にます。これはアグリッピナの仕業だといわれています。そして皇帝亡きあと、アグリッピナは自分の連れ子であったドミティウス（ネロ）を次の皇帝に据えました。その翌年、今度はネロの手によるものといわれていますが、クラウディウス皇帝が前皇后メッサリーナとの間にもうけたブリタンニクスが毒殺されています。

ネロの教育係になったセネカは五年間、ネロの教育に打ち込みます。セネカは当時、詩と散文で有名であり、ローマ人としてもギリシア人に対してなんら劣等感を抱かない人物でした。ギリシア語は完全ではありませんでしたが、むしろギリシアを批判して、文学的、哲学的にはギリシアからの知的独立宣言をしています。

セネカの教育の成果もあって、ネロは芸術を愛好する若者に成長しました。一方でセネカは、ネロが皇帝に即位したあと、ローマ帝国の中で最も権力のある三人のうちの一人に位《くらい》することになりました。

三人のうち最も権力のあるのは、もちろん皇帝のネロです。そして、あとの二人には「アニクス・トリンティクス」という資格が与えられます。「アニクス・トリンティクス」とは「皇帝の友人」という意味ですが、その一人がセネカであり、もう一人はセクストゥス・アフラニウス・ブッルスという近衛兵の団長です。このブッルスは軍事のトップに就いていました。

この三人がローマで一番権力のある人間になりました。セネカとブッルスはネロの後見役として政治を掌握《しょうあく》し、ローマ帝国に善政を布《し》きました。ネロというと暴君のイメージが強いのですが、セネカ、ブッルスが支えていた頃のネロは、ローマでも最もいい皇帝の一人に数えられるほどでした。

セネカは、ネロのためのスピーチをいくつもつくりました。その一つに「慈悲についてのスピーチ」があります。これはネロの義理の弟（メッサリーナの子で前皇帝の実子）にあたり、後継皇帝候補に挙げられていたブリタンニクスが死んだ（おそらくネロにより毒殺された）ときに捧げられたスピーチです。

また、「鏡についての論文」というものがあります。これは「王者の鏡として自分を見、また知恵を磨くべきである」というような統治者としてのあり方について述べた論文です。このセネカの論文がもとになり、「王者の鏡」というのはヨーロッパの一つの教養の伝統となり、ルネサンスの頃まで盛んになります。

セネカはネロが法に縛《しば》られずに哲学的に自制した理想の王となって、帝国を統治することを望みました。実際、のちにローマ帝国の版図を最大にし、名君として誉《ほま》れ高いトラヤヌス帝（五三〜一一七）でも、ネロが即位した当初の五年間の治世には及ばないといわれるぐらい優れた皇帝にネロはなりました。セネカがその治世を支えたのです。

高まる批判とネロとの対立

セネカに対する批判もまたありました。というのも、ローマ帝国で最も権力のある三人の中の一人ですから、まず財産が増えます。皇帝から土地や別荘などももらいました。

また、セネカは「皇帝の友人」としての知名度を生かして金貸しを始めるのです。当時、イギリスはローマ帝国の版図の中に入っていましたが、そこの首長《しゅちょう》のような人に金を貸し、利子を付けて土地に投資して、皇帝に次ぐローマの金持ちになります。そういうことに対して、やっかみも含めて批判する人が出てきたわけです。

そのうち、ネロの周辺で対立が起こります。まずアグリッピナが息子のネロを誘って姦通しようとします。母親が息子を誘惑したわけです。これは当時でも考えられないような話で、セネカなどもそれはまずいのではないかと考え、むしろアグリッピナに愛人を付けようとして逆に恨まれるのです。

一方、ネロはネロで母親を憎悪し、母親をボートに乗せて沈めて殺そうとします。それが失敗すると、今度は、母親が自分に対して謀反《むほん》を企てたとこじつけて、暗殺者に母親を殺させるのです。

とにかく皇帝の母親であり、前皇帝の皇后だった人が暗殺されたわけですから、大変な事件です。これについてネロは元老院に対して答弁書を提出していますが、実はそれをつくったのはセネカでした。しかし、これはセネカにとってマイナスに作用しました。誰もネロの弁明など信じていませんでしたから、セネカが答弁書を書いたことにより、「セネカはネロの母親殺しを認めたのだ」というふうに受け取られたのです。

そして六二年に、セネカとともにネロを補佐していた近衛団長のブッルスが死んでしまいます。これをきっかけとしてネロの五年間の治世は終焉《しゅうえん》を迎えることになりました。

一方、セネカは孤立し、元老院から一斉攻撃を受け、批判がますます高まってきました。セネカの開く宴会には五百のテーブルがあって、そのテーブルの脚は象牙《ぞうげ》だったといわれます。皇帝にしかふさわしくないような荘園《しょうえん》や別荘を所有し、非常な贅沢《ぜいたく》をしていたのですから、嫉妬があって当然です。

セネカ自身、「確かにこれはまずい」と感じたようで、ネロに隠退を申し出ます。そのときにセネカは「私が受けた恩恵は数えきれないし、与えられた富も数えきれません。これが重荷になりましたので、どうぞ税務官に私の財産を管理させて、ご自分のものにしてください」と、全財産を皇帝に差し出すのです。セネカにしてみれば、身のまわりを整理して政治から退き、哲学者としての生活に専念しようということだったのでしょう。

ところが、ネロはこれを受け入れませんでした。ネロは、セネカが隠退して哲学者の生活に入ると自分の評判が落ちるのではないかと恐れたわけです。要するに、セネカという後ろ盾を失うことによって、自分が残虐《ざんぎゃく》だという評判が立つのが嫌だったのです。

ネロはセネカが隠退することは許しませんでしたが、彼が差し出した財産は受け取りました。これはネロがセネカに侮辱《ぶじょく》を与えたといっていいでしょう。

しかし結局、六四年七月十九日に起こったローマ大火のあと、セネカは病気と称《しょう》して部屋にこもってしまいます。大火のあと、ネロは国中の神殿から貴重品を巻き上げるのですが、セネカはそれに自分が加わったと思われるのが嫌だったのです。

こうして財産をネロに取り上げられて実質的に政治から隠退したわけですが、ネロは依然としてセネカを「自分の友だち」と呼びました。セネカはすでに「皇帝の友人」という立場にはなかったわけですが、正式に隠退もできないという形に置かれてしまいます。ネロは真綿で首を絞めるような形でセネカを侮辱しているのです。

セネカは病気と称して部屋にこもって、せっせと「書簡集」を書きました。そのときに書かれた書簡集の一つが、これから取り上げる「人生の短さについて」です。

ルーベンスによって描かれた「セネカの死」

セネカの予想したとおり、やがてネロはセネカに疑念を抱き始めました。これはネロに限らず、権力者が自分の先生を疑って最後には死に至らしめるというのはよくある話なのです。

たとえばアレキサンダー大王は哲学が好きで、アリストテレスに師事しました。アジア遠征に行くときには、アリストテレスの推薦《すいせん》を受けて彼の甥《おい》のカリステネスを同行させています。大王は当初カリステネスを尊敬しますが、最後には殺しています。

権力にある人はその権力が強大になると、自分に意見する人を疎《うと》ましく思うようになるのかもしれません。日本でいえば、豊臣秀吉が千利休《せんのりきゅう》を殺したのも、これに近い形といえるでしょう。

そういうわけで、ネロもセネカを殺さないと気が済まなくなります。セネカの存在自体が、自分に対する批判に見えてきたのではないかと思います。

結局、セネカはネロより死を賜《たまわ》ります。ガイウス・ピソという男がネロに対して巡らせた陰謀にセネカが加担していたという嫌疑《けんぎ》をかけ、自殺するように命じたのです。

そのネロの命令を伝えるために、百人隊の隊長がセネカの家を訪れます。セネカはネロの命令を受け入れます。そして、「死ぬ前に遺言状を書かせてくれ」といいます。しかし、書いてはいけないと拒否されたため、書記に口述して死んでゆくのです。

十七世紀の画家ルーベンスの描いた「セネカの死」という絵があります。それには、セネカがたらいの中に足を入れ、その脇《わき》で筆記者が一所懸命筆記をしている場面が描かれています。

セネカが死んでゆく様はネロから派遣された百人隊の騎士たちも見ていますし、筆記者もその様子を書き残しています。ですから、後世に伝えられているわけですが、その死に方はまさに完璧《かんぺき》なストア哲学者の死に方であったのです。それは英語やラテン語で「フォルテッス」といわれますが、これは日本語でいうところの「剛毅な」にあたります。つまり、毅然《きぜん》たる態度で死に至ったのです。

セネカが死ぬ場面は、幸いにして、歴史家のタキトゥスが『年代記』の中にすべて書き残してくれています。そのタキトゥスの言葉を茂手木元蔵氏が訳していますので、そこを紹介しておきましょう。

セネカは遺言状を書くことを隊長から拒否されると、家に集まっていた友人たちのほうを向いてこう述べたというのです。

私は君たちの功績に感謝の意を表わすことを禁じられたので、今は唯一《ゆいいつ》のものとなったが、しかし最も美しい私の持物を遺産として君たちに残すことを誓う。それは私の生きている姿である。もし君たちがこれを記憶に留めるならば、このように変わらなかった友情の報酬として、天晴《あっぱれ》有徳の誉《ほまれ》をかち得るであろう。

そういって、友人を励まし、涙を流す彼らに気をしっかり持つようにいいます。英知の教えは、どこに行ったか。不慮《ふりょ》の災いに備えて、あれほど長い間考え抜かれた哲理は、どこにあるのか。ネロの残虐さを知らない者があったとでも言うのか。自分の母と弟を殺したあとには、養育係であり教師でもある私の殺害を加える以外に、何も残っていないのだ。

そして、妻のポンペイア・パウリナが「自分も一緒に死ぬ覚悟だ」というと、セネカは妻の立派な決心を受け入れ、「一緒に腕に小刀を突き刺して」死のうとします。しかし、セネカは年寄りで、また減食していたために血の出が悪く、なかなか死ねません。そこで今度は「脚と膝《ひざ》の動脈をも切った」。そのときセネカは「激しい苦しみに精根も次第に尽き果てていった」けれど、「自分の苦痛が妻の決意を弱めることを恐れるとともに、自分も妻の苦悶《くもん》を眼の前にして堪《た》えられなくなるのを恐れ、妻を説得して別の居間に下がらせた」というのです。

そして、最後に至るまでセネカは悠々《ゆうゆう》と語り、筆記者たちを呼んで委細《いさい》を書き取らせたというわけです。

しかしながら、なかなか死ねないので、セネカは友人の医師に毒ニンジンを持ってきてくれるように頼みます。この毒薬はアテネの国家裁判で死刑囚に飲ませたヘムロックというもので、ソクラテスも飲んだ毒ですから、セネカにとっては名誉な感じがあったでしょう。

ところが、それを飲んでも、なかなか毒が効かないのです。それで最後には熱湯の浴槽《よくそう》に入り、一番近くにいた奴隷たちに湯を振りかけさせながら、「私はこの湯を解放者ユピテルの神に捧げる」といい、「そこから浴室に運ばれ、その熱気で息が絶えた」とタキトゥスは伝えています（ユピテルというのはジュピターのことで、「哲学者の神」といわれている）。

そして、厳《おごそ》かに葬式などはせず、遺言どおり火葬にされたのです。セネカは生前から、自分が死んだあとの処置を明らかにしていたわけです。

一方、奥さんのパウリナはセネカと一緒には死にませんでした。というのは、ネロはセネカの奥さんには憎しみを抱いていなかったし、セネカだけでなく奥さんまで自殺されたのでは自分が残忍であるという悪評が広まるだけだと恐れたのです。そのため、自殺するのを止めるように兵士に命じ、兵士たちが手当てをした結果、その後、数年生きながらえたといわれています。

自らに与えられた運命に従って生き、死んでいく

このようにして、セネカの死ぬときの姿をたくさんの人が見ているのです。その中で、セネカは堂々と死んでいきました。最後の最後まで口述を続け、哲学者として、慌《あわ》てず騒《さわ》がずという姿を示したのです。ストアの思想を見事に実践したわけです。

これによって後世のキリスト教徒はセネカの死を「殉教」と見て、尊敬しました。彼はもちろんキリスト教徒ではないけれど、その姿はキリスト教徒の殉教に重ねることができたのです。

しかし、ネロにとってそれは不愉快以外の何ものでもありません。その結果、セネカの死から四十年間というもの、ストア哲学はローマでは禁止されてしまいました。そして第十二代皇帝ネルウァの時代、紀元九六年頃になってようやく解禁されたのです。

それ以後は、ストア哲学は再び盛んになり、ネルウァを継いだトラヤヌス皇帝は「哲学の友」といわれるようになります。さらに、その後になると、先に挙げたマルクス・アウレリウスという哲人皇帝なども出るようになります。

以上、セネカの生涯を手短にたどってきましたが、後世の人たちがセネカを研究するときには、ソクラテスとリンクさせるのが普通になります。二人とも知を求め、節制に努め、権力者の嫉妬によって死んだという点が似ているからです。

また、すでに述べましたが、神の概念がキリスト教のそれと非常に似てきていますす。セネカはキリスト教の影響を受けなかったと思いますが、神について深く考えた結果、その哲学はキリスト教徒が受け入れられるようなものになっていったのです。それによって、内省、自由意志というようなことが、まさにキリスト教神学の中心になるわけです。

セネカの表面的な生活を見ますと、ネロに仕えて出世したり、金貸しをやって、ローマ一の金持ちになったりしています。これは彼の考え方に照らし合わせると変節しているように見えるかもしれません。

しかし、それらはネロによって与えられた結果にすぎません。実際、セネカ自身、地位や金銭や物品に執着《しゅうちゃく》したことは一度もありません。人間は死ぬときにすべてがわかるといいますが、セネカは死に臨んで、まさに自らの到達した考えに従っているのです。

セネカにしてみれば、あえて「ネロが自分に物を与えたいのなら、それもいいのではないか」というような生き方をしたわけでしょう。そういう哲学者としての態度でネロに仕え、それがネロの気に障《さわ》ったのです。そして、自殺を命じられれば、何も抗弁《こうべん》することなく、冷静に死んでいったのです。

哲学者の中には、一切の物欲を捨てて樽《たる》の中に住んでいたディオゲネスみたいな人もいます。しかし、セネカはそういうのではなく、ローマ市民としての生活を送りました。そして、ネロに仕えてローマで最も権力のあった三人のうちの一人となり、皇帝に次ぐ金持ちになるというように、栄華も極めました。

しかし、運命が変わると名誉や財産に一切執着せず、自分の運命に従い、誰を恨みもせず平然と死んでいったのです。その生き方は、一人の人間として見事であったといえるでしょう。

また、セネカが個人的にも立派だったことは、セネカが自殺を命じられたとき、奥さんが「自分も一緒に死ぬ」と申し出たところからも明らかでしょう。

このようなセネカが人生という時間をいかに捉え、いかに生きることを願ったか、これから見ていくことにしましょう。

◉第三章◉

人生という時間の捉え方

ここから谷沢先生の『ローマの賢者セネカの智恵――「人生の使い方」の教訓』（講談社）と、茂手木元蔵訳『人生の短さについて』（岩波文庫）を読みながら、セネカの思想の中から、われわれが人生を豊かに生きてゆくための教えを学んでいくことにしましょう。

セネカが「人生の短さについて」を記したのは大体、彼が六十五歳頃だといわれています。だから、死の一年ほど前のことです。前章で見てきましたが、ネロに対して隠退を申し出て、部屋にこもったセネカは、そこでこの文章を書いたのです。

人生は十分に長いが、大部分は無駄に使われている

セネカは「人生の短さについて」の冒頭でこういっています。

大部分の人間たちは死すべき身でありながら、……自然の意地悪さを嘆《なげ》いている。その理由は、われわれが短い一生に生まれついているうえ、われわれに与

えられたこの短い期間でさえも速やかに急いで走り去ってしまうから、ごく僅《わず》かな人を除いて他の人々は、人生の用意がなされたとたんに人生に見放されてしまう、というのである。

人間の一生はあまりにも短いため、一部の人を除けば、ようやくやりたいことの準備が整ったと思ったときにはもう人生を終えようとしている、というわけです。要するに、ほとんどの人は何もなし得ることができないまま人生の幕を閉じなければならない、といっているのです。

そして、この嘆きは一般大衆や無知の群衆だけのものではなく、有名な人たちも同じように嘆いている、とセネカはいいます。そして、ヒポクラテスとアリストテレスの言葉を取り上げるのです。

医者として有名なギリシアのヒポクラテスは「生は短く術は長し」といっています。これは「一つの芸術とか一つの学問を究めるには非常に長い時間がかかるのに、人生はあまりにも短い」という意味です。

またアリストテレスは、「寿命という点では、自然は動物たちに人間の五倍も十倍も長い一生を引き出せるように許しておきながら、数多くの偉大な仕事のために生まれた人間には、遥《はる》かに短い期間しか存続しない」といっています。

アリストテレスは自然研究を行った最初の西洋の学者ですから、このように動物と人間を比べたわけです。その結果、人間には動物よりも短い時間しか与えられていないといったのです。

しかし、セネカはこれをきっぱりと否定しています。彼もまたエジプトまで行って、アリストテレス以上に本格的に自然研究を行いました。晩年には『自然研究』という書物を記しているほどです。そのような立場で、セネカはアリストテレスの言葉を否定するのです。

つまり、動物は人間の五倍も十倍も、そんなに長くは生きていない。自然は人間にはあまりたくさん時間を与えなかったといっているが、それは事実ではないというわけです。

では、セネカはどう考えているのでしょうか。彼は端的にこう指摘しています。

われわれは短い時間をもっているのではなく、実はその多くを浪費《ろうひ》しているのである。

人間にも時間はたっぷり与えられていて、動物よりも短いというわけではない。人生は十分に長いのである。ただ、その全体が有効的に使われておらず、放蕩《ほうとう》や怠《たい》惰《だ》の中に消えてなくなっていることが多い、というのです。

無意識のうちに時間を浪費している人間

どうしてそういう時間の浪費をしてしまうのか。セネカは次のようにいっています。

諸君は永久に生きられるかのように生きている。諸君の弱さが諸君の念頭に浮ぶことは決してない。すでにどれほどの時間が過ぎ去っているかに諸君は注意しない。**充ち溢《あふ》れる湯水でも使うように諸君は時間を浪費している。**ところがその間に、諸君が誰かか何かに与えている一日は、諸君の最後の日になるかもしれないのだ。

要するに、ギリシアのヒポクラテスも、アリストテレスも「人生は短い」といっているけれど、そんなことはない。短くしているのは君たち自身なのだよ、というわけです。

この時間の浪費について谷沢永一先生は、『ローマの賢者セネカの智恵』の中で具体的に例を挙げてこう指摘します。

「音楽や芝居《しばい》や能や映画は、こちらが何もせずに控えて見物するうちに、おのずから時々刻々と進行してくれるだけなのだから、自分で何かの所作《しょさ》をする必要が全《まった》くない」

主体的に行わずとも進んでいくものに身を委ねていると、時間は無駄に流れてしまう、ということでしょう。たとえば、テレビなどはより顕著《けんちょ》です。テレビの前にちょっと座ると、一時間ぐらいはあっという間に過ぎてしまう。こういう経験は誰もがしているはずです。

ところが、読書は違うと谷沢先生はいいます。

「読書に限っては自動的《オートマチック》に事を運んで済ますわけにはいかない。それぞれ自分に適する速度《ペース》にしたがって、活字を確かめながら順に追ってゆくのであるから、よほど精神力の緊張を要する」

これは確かに、大いにあり得ることです。一時間、本を読むというのはかなり大変です。テレビを見て過ごす一時間とは訳が違います。

したがって、テレビと読書を比べてどちらが無意識的に時間を浪費しやすいかといえば、読書よりはテレビをはじめとする現代のアミューズメントのほうだといえるでしょう。これはセネカの時代でも同じだったはずです。

努力から逃げ、ますます人生を短くしている現代人

谷沢先生は、今の人が一所懸命に心がけているのは時間を大切にするということではなく、「一にも二にも健康の増進と保持であるらしい」ともいっています。そして「精を出して気力を充実させながら物事に集中すれば、体力も消耗《しょうもう》して疲労が重なるから健康を損ねる」から、多くの現代人は「慎重に身をいたわって少しばかりの労を恐れ厭《いと》う」のである、と。

これは面白い指摘です。健康が何よりも大切であるという理由から、ストレスがかかる仕事をむやみに恐れて、なにかを成し遂げようとする努力を放棄《ほうき》してしまう。そして「どうしたら努力しないで楽に生きられるか」ということばかり考えている。身を粉にして働くとか、寝るのを惜しんで勉学に励むといったことがなくなっているのです。

現代人には、そのような一面が確かにあるのではないでしょうか。

「その結果としては何事をも為《な》しえず、人生の分け前にあずかる機会がないものだから、いたずらに不平不満だけが果てしなく募《つの》る。そこで、この世は不公平であり、自然は吝嗇《けち》であり、神は無情であると、不平不満が五臓六腑《ごぞうろっぷ》に沁《し》み渡る。これほど健康を害する症状はない」

こうした人は努力しないのだから当然、得るものもないのですが、それに不平不満を抱いてしまうのです。そして、努力した結果として財や地位や名誉を得た人を羨《うらや》ましく思い、その人が努力をしてきたという前提を無視して、その結果得たものだけを見て、世の中は不公平だと文句をいう。誠に身勝手な考え方なのですが、そういう人も少なくはなさそうです。

結局、健康増進を目指してストレスから逃げて楽に生きようとした結果、かえって精神的なストレスがたまってしまって健康を害するというパラドックスになっているのです。

このように、人間は必要な努力から逃げ、無駄なこと、くだらないことに延々《えんえん》と時間を費やしている。そんな馬鹿げたことをせず、これと決めたことを一心に追い求めるような生き方をするならば、人生は十分に長い。セネカはそういっているわけです。

このような浪費の人生を生きるとすれば、人間はどうなるのでしょうか。セネカはいいます。

（人生が）放蕩や怠惰のなかに消えてなくなるとか、どんな善いことのためにも使われないならば、結局**最後になって否応《いやおう》なしに気付かされることは、今まで消え去っているとは思わなかった人生が最早《もはや》すでに過ぎ去っていることである。**

最後には必ず無駄な時間を過ごしてきたことに気づかされるというのです。しかし、気づいたときには、もう人生の残り時間はあまりにも少なくなっている。ゆえに、後悔《こうかい》の念しか残らないのです。

われわれは短い人生を受けているのではなく、われわれがそれを短くしているのである。**われわれは人生に不足しているのではなく濫費《らんぴ》しているのである。**

だから、時間を惜しんで生きるべきである、と。これがセネカの時間というものの捉え方、考え方です。

一寸の光陰軽んずべからず——人生に抱く実感

ここで私は、ストア哲学のプラス・マイナスについていっておきたいと思います。「時間を無駄にするな」という教えは、古今東西を問わず、たくさんあります。われわれの東洋の世界にそれを探せば、その典型は朱熹《しゅき》の作と伝えられる「偶成《ぐうせい》」という詩に見られます。

少年易老学難成
一寸光陰不可軽
未覚池塘春草夢
階前梧葉已秋声

少年老い易《やす》く学《がく》成り難し
一寸《いっすん》の光陰《こういん》軽《かろ》んずべからず
未だ覚《さ》めず池塘《ちとう》春草《しゅんそう》の夢
階前《かいぜん》の梧葉《ごよう》已《すで》に秋声《しゅうせい》

これは、まさにセネカの言わんとしたことと同じであるといっていいでしょう。「未だ覚めず池塘春草の夢／階前の梧葉已に秋声」とは、まだ春の池のそばの草原で夢でも見ていたように感じていたけれど、ふと気がついてみたら秋になっていて梧桐《あおぎり》の葉がひらひらと落ちている、というような意味です。これは多くの人が年を取ったときに人生に抱く実感でしょう。

多くの人が年を取るとそれをまざまざと思い知ることになります。だから、「少年老い易く学成り難し／一寸の光陰軽んずべからず」。年を取るのはあっという間だが学問はなかなか身につかない、一瞬の時間をも惜しんで学ばなくてはいけないよ、と教えているのです。

無駄に見えて無駄ではない時間の使い方もある

しかし、それだけでは足りないところがあるのではないか、と私は思うのです。これは「人生の短さについて」を読んでいると何度も出てくる問題ですが、セネカが放蕩とか怠惰という見方をする時間が本当に無駄なのか、ということなのです。日本人はどちらかというとセネカ的で、今挙げたようなセネカの時間についての考え方に同調する人が多いと思います。朱熹の「少年老い易く学成り難し／一寸の光陰軽んずべからず」という言葉を好きな人も多いに違いありません。

また、年配者であれば、次の陶淵明《とうえんめい》の詩「雑詩十二首・其一」を好む人もたくさんいるでしょう。この漢詩はわれわれが中学の漢文で、朱熹の「偶成」と一緒に教えられました。

これも朱熹の詩と同様、われわれは「時を惜しんで勉強に勤めるべきだ」という意味合いで教えられました。

盛年不重來　　盛年重ねて来《きた》らず
一日難再晨　　一日再び晨《あした》になり難し
及時當勉勵　　時に及んで当《まさ》に勉励すべし
歳月不待人　　歳月は人を待たず

教科書で教えられる陶淵明の詩はいつでもこの四行なのですが、この詩には前半部分があります。案外気づかれていませんが、私はむしろ、この前半部分に描かれている生き方のほうが好ましいものがあるのではないかと思います。それはこういう詩です。

人生無根蔕　　人生根蔕《こんてい》無く
飄如陌上塵　　飄《ひょう》として陌上《はくじょう》の塵《ちり》の如《ごと》し
分散逐風轉　　分散し風を逐《お》いて転ず

此已非常身
落地爲兄弟
何必骨肉親
得歡當作樂
斗酒聚比鄰

此《こ》れ已《すで》に常身に非ず
地に落ちて兄弟《けいてい》と為《な》るもの
何ぞ必ずしも骨肉《こつにく》の親《しん》のみならんや
歓《かん》を得ては当《まさ》に楽しみを作《な》すべし
斗酒《としゅ》もて比隣《ひりん》を聚《あつ》めよ

これは「人の命は根も蔕《へた》もないはかないものであって、風に舞いあがる路上の塵のように、風の吹くままにちりぢりに飛び散っていくのである。つまり、人は生まれ落ちたときから既に、常住の地を持つ永久不変の存在ではないのだ。このように風に吹き飛ばされて地に落ち、たまたま同じところに集まりあったもの同士が兄弟なのであって、なにも血を分けあった間柄のものだけが兄弟なのではない。だから、うれしいことがあったらいっしょに楽しむべきである。わずかな酒があればそれでよい。近所の者を呼び集めていっしょに楽しくくみかわすべきだ」（『陶淵明』中国詩人選集第四巻／一海知義・注／岩波書店・刊）という意味です。

これを前段として、「若い時代は二度とはない。それは一日に朝がもう一度もどってこないのと同じである。その二度とはない時をとりのがすことなく、悔いのないように大いに楽しく過すべきである。歳月は人を待ってはくれず、忽《たちま》ちのうちに過ぎ去ってしまうものだから」（同）というのです。

この「時に及んで当に勉励すべし」の「勉励」を日本の学校では「勉強」と教えました。もちろん、勉強でもいいのですが、それに止まらず、何事であっても一所懸命やりなさいという意味にとったほうがいいように思います。

つまり、私はここを「その二度とはない時を取り逃がすことなく、悔いのないように大いに楽しく過ごすべきである」という意味にとりたいのです。青少年であれば、勉強を一所懸命にやるという意味に限定してもいいのですが、人間の長い人生を見ますと、「歓を得ては当《まさ》に楽しみを作《な》すべし」（うれしいことがあったら一緒に楽しむべきである）というのも非常に重要だと思うのです。

私は哲学者ではありませんが、いつも陶淵明のような人生の時間の使い方を考えてきました。その大切さを改めて感じさせられる出来事がありました。

家内の叔父が九十二歳くらいで亡くなったときの話です。彼は軍隊の学校の校長を務め、また陸軍参謀本部にもいた軍人で一族の出世頭《しゅっせがしら》でした。その叔父が東京の板橋区で死んだときに、故郷の北海道から親類が集まりました。

そのとき、私はつくづく、これは間違っているんじゃないかと思ったのです。当人はすでに死んでしまっている。生きているうちに集まらなければ意味がないじゃないか、と。

そういうわけで、私は機会を求めて山形のあつみ温泉にある萬国屋《ばんこくや》に親類を集めて宴会を開き、そのときにこういいました。「私が死んでもわざわざ東京に来る必要はないよ。今、会っているんだからね」と。つまり、葬式のつもりで宴会をしているわけなのです。

私はこの葬式代わりの宴会を二～三年に一度くらいの割合で開いています。これを無駄な時間、時間の浪費とは思いません。いつ、そういうことができなくなるかわからないから、できるときにやっておこうと思うがゆえです。

このように、無駄に見えても決して無駄ではないという時間の使い方も人生には必要なのではないかと私は考えています。

「オティウム」と「ネゴティウム」——対立する二つの観念

ただ、ここでセネカがいっている放蕩や怠惰を慎むというのは、哲学者としての理想の姿を示しているのです。哲学者であれば、無駄な時間を惜しみ、常に瞑想《めいそう》にふけるべきであるというのがセネカの考えであり、ストア哲学の目指すところなのです。

ストア哲学には二つの対立する観念があります。一つは「オティウム（otium）」すなわち「閑暇《かんか》・暇」という観念。

もう一つはその反対の「ネゴティウム（negotium）」という観念です。これは「ネゴシエーション」の語源となった言葉です。「neg」は英語の「no」で否定を表わす接頭語ですから、「ネゴティウム」は「オティウム」の反対の意味になります。

日本語では「仕事」とか「交渉」と訳されます。「暇」といってしまうとわかりにくくなるかもしれませんが、ストア派の哲学者の理想像は「オティウム」なのです。これは仏教でいえば坐禅《ざぜん》を組んでいる時間であり、修道院でいえば瞑想をしている時間です。これらがオティウムの意味する「暇」な時間で、それは「いい時間」なのです。そして、これ以外の時間はすべて「ネゴティウム」になります。ですから、仕事でも交渉でもオティウムではない「愚かな時間」とストア哲学者は考えたのです。

セネカが注意している「人生の短さ」とは、要するに「オティウムが足りなさすぎる」といいかえてもいいでしょう。そして、人生が短いというのは「くだらないネゴティウムに時間を使いすぎているからではないか」というわけです。

ただし、これはあくまでもストア哲学者としての理想の生き方です。われわれはむしろ、陶淵明のような生き方をするほうが人生を有意義に過ごせるのではないかと私は思います。

これを谷沢先生は「セネカの一元論」といっています。この「一元論」とは、オティウムしか認めないようなセネカの人生哲学を指しています。確かに唯一のものに価値を見出す一元論のよさもあります。しかし、それを窮屈《きゅうくつ》に感じる人も多いはずです。そうではない生き方、時間の過ごし方であっても、十分に価値があると思うのです。

内省こそすべてと考えるセネカの発想

セネカはネゴティウムを否定し、オティウムに生きることを説きました。それゆえ、次のような発想が出てくることになります。

あらゆる雑務から遠く離れて人生を送っている人々には、その人生が長くないはずがあろうか。

雑務をしない人は人生が長いとセネカはいうのです。そういう人は誰からも時間を奪われないで済むわけですから、すべての時間を丸々自分のものとして使えるというわけです。

その人生はいかに小さくとも十分に満ち足りており、従って、いつ最後の日が訪れようとも、賢者はためらうことなく、確乎《かっこ》とした歩みをもって死に向かって進むことになろう。

自分を省みつつ歩む人生は充実したものとなるがゆえに、死を恐れるようなことがなくなるといっています。そういう人こそがセネカのいう賢者なのです。セネカが確乎として死に向かったことは確かですから、これは嘘《うそ》ではないでしょう。

しかし、谷沢先生が指摘しておられるのですが、セネカの頃の雑務、仕事というのは本当につまらなかったと思います。内的な関心を掻《か》き立てられるようなものはほとんどなかったに違いありません。たとえていえば独裁体制の中の生活みたいなもので、覚悟を決めてやるしかないというようなものだったのではないかと考えられます。

そういう時代ですから、セネカのいう雑務から離れた人生というのも説得力があったのかもしれません。

とにかくセネカは多忙《たぼう》な人をずっと批判しています。暇を楽しんでいる人たちすら、それは本当の暇ではないと批判するのです。

彼らの生活は暇と言うべきではなく、怠惰な多忙と言うべきである。一体、次のような者を暇があると呼べようか。コリント製の、ごく一部分の連中だけが血道を上げて勿体《もったい》ながっている銅器類を、いかにも心配そうに気をもみながら並べてみたり、毎日の大部分を錆《さび》だらけの銅片のなかで過ごしている者を。

ここでは、金持ちの暇にまかせてのコレクター的な趣味にあくせくする人たちの生活を「怠惰な多忙」といっています。

この連中の催《もよお》す宴会も、決して暇のある時間とみることはできまい。彼らを見ると、どんなにか気をもみながら銀の器を並べることか。どんなにか念を入れて、気に入りの子供給仕たちの着物のすそをからげてやることか。どんなにか息をころして、猪《いのしし》の肉が料理方の手で調理される様子を見守ることか。

これは暇を持て余してパーティを開いているような人たちのことを指しています。そういう人たちはエチケットをはじめ、いろいろ面倒くさいことをいって、右往左往している。セネカにいわせれば、こういうのは怠惰な多忙に過ぎないというのです。

そうした人々は「食通だとか豪勢だとかの評判を熱心に求めるが、そのあげくには生活の隅々に至るまでこの悪習が付きまとい、酒を飲むにも物を食べるにも、気構えないではいられなくなる」。こういうものは全部、怠惰なものであるというわけです。

こうした人の例をセネカは延々と挙げています。本人も「いちいち実例を探し回ったら切りがないが」といっていますが、たとえば「将棋《しょうぎ》とか球技とか、あるいは日光で体を焦《こが》すとか、そんなことに熱中して人生を浪費する連中もいる。多くの些細なことを楽しんでいる者たちも、暇のある人ではない」というのです。

要するに、セネカがいう「暇」、オティウムとは、哲学的な瞑想をする時間を持っているということなのです。それ以外のことはすべて余計な雑務として捉えているのです。

「人生」と「時間」とは別のものである

次にセネカはこういっています。

多くの者たちは他人の運命のために努力するか、あるいは自分の運命を嘆くかに関心をもっている。また大多数の者たちは確乎とした目的を追求することもなく、気まぐれで移り気で飽きっぽく軽率に次から次へと新しい計画に飛び込

んでいく。或《あ》る者は自己の進路を定めることなどには何の興味もなく、怠けたり欠伸《あくび》をしたりしているうちに運の尽きということになる。

そして、ある詩人の「われらが生きる人生は束《つか》の間なるぞ」という言葉を引用しながら、こういいます。

そのほかの期間はすべて人生ではなくて時間にすぎない。

人生と時間とは違うというのです。つまり、セネカのいうネゴティウムに費やす時間は、人生ではなく単なる時間にすぎないのだというわけです。

ネゴティウムを無駄な時間と考えれば、このセネカの意見はそのとおりでしょう。ただ、先にも述べたように、ネゴティウムの中にも価値を認められるものも含まれているはずです。そこは保留《ほりゅう》条件をつけて読まなければならないでしょう。瞑想のみを人生のすべてというのでは、ほとんどの人間は生きていくことができません。

ちなみに、セネカが引用した詩人の言葉について、茂手木元蔵氏は次のように注《ちゅう》釈《しゃく》されています。「この言葉がどこから引用されたか不明であるが、メナンドロス作の或る劇中に次のようなギリシア語の一句がある。『われらが生きるのは生涯の小部分であり、束の間の時である』」。そして、おそらくセネカはこの言葉をホメロスのものと勘違いしたのではないかと指摘しています。

このセネカの言葉で面白いと思うのは、人生と時間とを区別して考えている点です。これについて私は、次のようなことを思います。

私の一つ年上で哲学を専攻していた同級生がいました。彼は実業学校へ行ったあと、上智大学で哲学をやろうと入学してきたという感心な男でした。実業学校から来ているためか非常に人当りがよく、神父さんに便利屋としてよく使われていました。

彼は学校の仕事をなんでも手伝いながら、卒業後も大学に残り、やがて学生部長になりました。大学の教師というのは部長の仕事をしたがらないものです。なぜならば、部長になるといろいろと時間を取られるし、仕事も雑務ばかりだからです。要するに、学校の教師あるいは学者からすると、それはネゴティウムな時間なのです。

そこで大学側が一考して、そういうネゴティウムな仕事をやる人を「副学長」と名づけました。すると、副学長という肩書きにつられてか、みんな一所懸命に部長の仕事をするようになりました。

彼もその一人でしたが、彼の場合、学部生の時代からネゴティウムなことも骨身を惜しまずにやっていましたから、他の人たちとは一味違ったのでしょう。やがて副学長になり、ついには学長にまで上り詰めました。

彼は確か留学もしたはずです。しかし、十年ほど前に大学を辞めるまで、一冊の本も書かず、一冊の翻訳書も出さず、これという論文も残しませんでした。もしも彼が学校行政に生きがいを見出したのだとしたら、それでいいと思うのです。しかし、哲学をやることが彼の本当の望みであったとしたら、彼にとって人生は、セネカのいう「時間」に過ぎなかったのではないかと考えることがあります。

東大で昔あった話ですが、ある人が学科長になったところ、恩師が「おまえは学問をやめたのか」と怒ったそうです。その恩師は、学科長の仕事などネゴティウムであると捉えたのでしょう。学者がするべき仕事ではない、と。

ここからわかるのは、何がオティウムで何がネゴティウムかは、仕事によって変わってくるのではないかということです。実業家であれば、ネゴティウム自体が生きがいのはずで、これをセネカ的なオティウムの生き方をしていたら話になりません。

しかし、教師や研究者であれば、やはりオティウムを主としなければその本来の務めは果たせないでしょう。

セネカのいう雑務の中にも、全く意味のないものもあれば、有意義なものもあるわけで、その区別はそれを行う本人が人生に何を求めているのかにかかっているといえるように思います。雑務と見えるものを有意義なものにしていく生き方というのも、現実にはありうるのではないでしょうか。あるいは、そこにこそ人生を成功に導く秘訣《ひけつ》があるのかもしれません。

◉第四章◉

主体的に生きるための時間術

「主体的に生きること」と「忙しく生きること」

人生の短さを問うときには、その人が時間に価値を認めているのか認めていないのかが第一の問題になるでしょう。そして、価値を認めるという場合には、どういう立場で人生を見るかというところが第二の問題になると思います。いいかえれば、セネカ的なオティウムのみを人生と見なすのか、それ以外のネゴティウムの中にも価値を見出すのかということです。

たとえば、お酒を飲む場合でも、何もやることがないから飲みに行って時間を過ごすというケースと、「志をともにする友人が久方《ひさかた》ぶりに尋ねてきた。さあ、今日は大いに飲んで語ろう」というのでは、全く意味が違うはずです。

それゆえ、われわれがセネカを読むときに気をつけるべきは、彼が常にストア哲学の立場から語っているということ、しかもネロに仕えていた時期を除いた期間について語っていることを知っておかなくてはいけないと思います。

ネロに仕えていた時期は、セネカもそれに一所懸命で、毎日が忙しかったと思います。また、ネロから多くの財産などをもらい、金貸しなどもしました。これは、まさにセネカの最も嫌っていた多忙なネゴティウムの生活であったはずです。

ただし重要なのは、そういうネゴティウムの生活を送っているときでも、セネカの心の底には、いざとなれば毅然としてオティウムの生活に入れるという確乎たる思想があったことです。

忙しいときは忙しくても一向に構わないのです。それがその人にとって意味があればいいわけです。しかし、そういうときにただ忙しさに流されるのではなく、ときどきは「自分の過ごしているのは意味ある時間なのだろうか、それとも単なる時間の浪費なのだろうか」と反省することが重要なのです。そこに人生を主体的に生きるための大きなヒントがあるように思います。

逆にいえば、その反省がないと、主体的に生きているつもりがいつの間にか流されて、忙しさに振り回されてしまい、単なる「時間」を生きているということになりがちなのです。

主体的に生きるために自分を耕す時間を持つ

セネカはいいます。

金持ちゆえに大勢の者たちに詰めかけられる人々を見るがよい。この人々は自分の財産で首を締められているのだ。……いかに多くの人々が弁舌を振るい、また自己の才能を誇示《こじ》せんと苦慮《くりょ》して日夜血を吐く思いをしていることか。いかに多くの人々が快楽の連続で青ざめていることか。いかに多くの人々が大勢の子分たちに取り巻かれて、少しの自由さえも残してもらえないことか。

こうした人々を下から上まで眺めてみると、そこには「訴訟《そしょう》の相談に乗る者」「証人になる者」「人を審問《しんもん》する者」「弁護に立つ者」「判決を行う者」などがいるが、これらの者は「誰ひとりとして自分自身に対する権利を主張する者はない」。すなわち、こういう世間に名の通った人々は「甲は乙のために耕し、乙は丙のために耕すが、誰ひとり自分自身を耕す者はない」というのです。

この「自分自身に対する権利を主張する者はない」とか「自分自身を耕す者はない」というのは、他人のために忙しく働くばかりで内省的に自己反省をする時間を持とうとしないことを指しているのでしょう。セネカによれば、それは単に「時間」を生きている人であり、気がついてみたときには手遅れであり、後悔しか残らないような生き方をしている人、ということになるのです。

ただ、これも視点を変えてみれば、弁護士として訴訟の相談に乗って腕を磨いている人は、他人のために働きながらも同時に自分のために耕しているといえなくもないでしょう。それから快楽についても、先に挙げた「朋《とも》あり、遠方より来たる」的な快楽もあります。「自分の才能を誇示せんと苦慮」しているというのも、自然科学に没頭してノーベル賞をもらうというようなケースもありますから、一概《いちがい》に人生を無駄にしているとはいえません。

しかし、そうした時間がしばしば自分のために耕すより人のために耕していることが多いというのは、反省の視点とすべきでしょう。

自分を耕すというのは非常に重要なことです。英語では「セルフカルチャー(self-culture)」あるいは「セルフインプルーブメント(self-improvement)」。日本語でいえば「人間学を修める」ということになるでしょう。人間学を修めれば、セネカが挙げているようなつまらない仕事も、すべて視点が変わってくる可能性があります。忙しくても主体性を保つ生き方ができるようになると思うのです。

そして、自己を耕す方法は何も瞑想だけではないということを知るべきでしょう。日常生活の中にあっても、それに専心することによって自己を耕すチャンスはいくらでも生まれてくるのです。

財産を守るように自分の時間を守る

どんな人でも自分の地所をとられて黙っている者はないし、また領地の境界について、たとえ小さなもめ事が生じても直ちに投石や武器に訴える。だが、自己の生活のなかに他人が侵入することは許している。いや、それどころか、今に自分の生活を乗っ取るような者でさえも引き入れる。自分の銭を分けてやりたがる者は見当らないが、生活となると誰も彼もが、なんと多くの人々に分け与えていることか。**財産を守ることは吝嗇《けち》であっても、時間を投げ捨てる段になると、貪欲であることが唯一の美徳である場合なのに、たちまちにして、最大の浪費家と変わる。**

ここでセネカは時間というものがいかに重要なものであるかと強調しています。みんな自分の財産を守ることには熱心なのに、時間となると、どうして平気で浪費するのか、財産を守るように時間も守らなくてはならない、というのです。これは素晴らしい言葉だと思います。セネカを学ばない近代西洋のインテリはいませんから、この言葉はみんなの頭に残っていると思います。

アポイントメントという制度はセネカを読んだ人たちの多い先進国で確立したものだと思います。アポイントメント制度ができたために、こちらが会いたいと思っても、予約をとらずに勝手に相手の家に押しかけることができなくなったのです。これは時間を惜しむために生まれた智恵といっていいでしょう。

ところが面白いことに、日本では敗戦までアポイントメントをとらずに人の家に押しかけることが普通でした。とくに田舎では、知り合いだとか親類がいつでも勝手に「おう」と声をかけて家に入ってきたものです。おそらく、これは東京でも戦前までは大体同じようなものだったのではないかと思います。

時間を貴重なものと捉える意識は、セネカを読んでいた西洋のほうが早くから芽《め》生《ば》えていたということでしょう。

大きな成果を上げた人は必ず時間の工夫をしている

日本でも、時間を守る工夫をした人たちはいました。たとえば、新渡戸稲造《にとべいなぞう》先生の『修養』を読んでも、小泉信三《しんぞう》先生の著書の中にも、とにかく自分の時間を守るために工夫をしなければならないということが縷々《るる》述べられています。

こういう多忙な人たちにとっては、確かにアポイントメントなしに勝手に人に来られたら困ったと思います。新渡戸先生などはアメリカに留学して西洋の習慣をよく知っていますから、「西洋ではみんな予約である。人によっては三年前までちゃんと予約が入っている」というようなこともいっておられます。

私が「なるほど」と思って感心したのは、小泉信三先生の話です。戦前の日本では、正月になると次から次へと人が尋ねて来ました。とくに慶應義塾大学の塾長も務めた小泉先生の家には、弟子をはじめ、さまざまな人たちが年始のあいさつにやって来たことでしょう。その対応だけでも、正月の一週間はつぶれてしまったに違いありません。

それが嫌だったのでしょう。小泉先生は年末になると帝国ホテルに泊まるようになったのです。自分が家にいなければ面倒はないわけです。帝国ホテルにこもった小泉先生は、暮れも正月も静かに勉強されたそうです。これは小泉先生の時間をつくる工夫です。戦前にこのような工夫をした人は稀《まれ》です。こういう工夫をする人としない人とでは、そのうち必ず差ができてきます。

また、東大の河合栄治郎《かわいえいじろう》先生も、週末は何をさておいても箱根の別荘に行ってしまうと書かれていました。別荘で勉強をするわけです。さすがに箱根の別荘までは誰も押しかけてこないから勉強に没頭できたといいます。

昔の大学の先生というのは、学生が家に遊びに来ても断らないのがルールでした。だから特別になんらかの工夫をしないと、勉強時間を確保できなかったのです。たとえば夏目漱石《なつめそうせき》は面会日を木曜日と決めていました。和辻哲郎《わつじてつろう》も午前中は絶対に電話に出ないし、人にも会わないと決めていたようです。それを「わがままだ」と批判もされたようですが、そうしないと自分の時間を守れなかったのでしょう。

これらの人たちは、いずれも時間を守ることに対して普通の人が財産を守るような守り方をしました。それによって学術的な成果が残ったというべきでしょう。

渋沢栄一《しぶさわえいいち》なども午前中は面会の時間に空けておいて、それ以外は面会をしないと決めていました。そのかわり、面会の時間には誰が来ても会いました。とくに戦前までは、人生で大きな成果を上げた人は、さすがにそうやって自分の時間を侵犯《しんぱん》されないように工夫をしていたのです。

戦前と戦後の日本で一番変わったのは、アポイントをとるという習慣が根づき、日本人が時間を守るようになったということでしょう。

その点では、西洋人のほうが利口だったわけです。おそらく最初は、西洋の習慣を見て知った新渡戸先生のような人たちがアポイントをとることを始めたのでしょう。

私が感心したのはオックスフォード大学の習慣です。カレッジにいる先生方が必ず出てこなければならない時間を決めているのです。それは朝の十時のお茶の時間と夕飯の時間です。そのときは、勉強の最中でもそれをやめて出てこなくてはならない。そして、その時間を利用して打ち合わせをしたり、連絡事項の確認をしたりするのです。そのかわり、あとの時間は部屋にこもりっきりで勉強をしていても構わないというわけです。これも自分の時間を守るための工夫といえるでしょう。

先にも述べたように、彼ら西洋のインテリは必ずセネカを読んでいますから、時間の重要さについて心得ていたということでしょう。

紋次郎の自由と次郎長の不自由、どちらを選ぶか？

しかし谷沢先生はこうしたセネカの人生観を批判しています。

「セネカは、己《おの》れの才能を誇示せんと苦慮して日夜血を吐く思いをしている者を貶《おと》しめている」

というわけです。自分の才能を生かそうと日夜努力することをネゴティウムの一言で済ませることができるのか。そういう生き方でもいいじゃないかといっているのです。これは私も同じ考えです。自分の出世のために人のお追従《ついしょう》をするとか、あるいは義理で付き合うとか、そういうのはともかくとして、努力している人を笑っては終わりです。

谷沢先生のセネカ批判として面白いのは、次の一節です。

「セネカは快楽の連続で青ざめている人を否定するが、世の多くが手の届かぬ快楽に耽《ふけ》り得たかわりに精力が枯渇《こかつ》したところで、他人《ひと》より生命が短くなっても、孔雀《くじゃく》の如く華麗《かれい》な生涯に満足することができるのではないか」

これもあり得る話でしょう。人より図抜《ずば》けたところで生きた代償《だいしょう》として短命に終わっても、それはその人にとって後悔とはならないのではないかということです。ただ、ストア学派はそれを否定しているということでしょう。

また、谷沢先生はセネカが「大勢の子分たちに取り巻かれて、少しの自由さえも残してもらえない」ような人の人生を否定したことに対して、木枯《こがら》し紋次郎《もんじろう》と清水の次郎長《じろちょう》を比較して次のように述べています。

「木枯し紋次郎は完全に自由である。しかし、その冷え冷えとした孤独のみが人生のこのうえなき理想であるだろうか。たとえ紋次郎の如き自由はなくとも、大勢の子分を率いて海道一の親分と立てられる、清水の次郎長は不幸で哀れな存在であるか」

世のしがらみにとらわれない木枯し紋次郎のような生き方が好きな人もいるでしょう。そうした人から見れば、清水の次郎長は「大勢の子分の面倒をいちいち見て一生を送るなんて、大変なばかりで何もいいことがない」と思うに違いありません。それよりも一人で自由に生きるのがいい、と。

かといって、清水の次郎長のように、たくさんの子分を食わし、喧嘩《けんか》の仲裁《ちゅうさい》に出て、必要ならば喧嘩も買って出るような生き方に惹《ひ》かれるという人を否定するわけにもいかないのです。

この比喩《ひゆ》でいけば、木枯し紋次郎の生き方はオティウム専門であり、次郎長のほうはネゴティウム専門ということになります。セネカはネゴティウムを否定しますが、現実の世界ではオティウムばかりでは生きていけません。

ゆえに「富も訴訟も名声も交際も友誼《ゆうぎ》も義務も愛人も公務公用も、すべては時間の浪費であると決めつける。……しかし、人生を彩《いろ》どる多くの出来事は、それほど何も彼も無益であるだろうか」と谷沢先生はいうのです。

いろいろな出来事に遭遇《そうぐう》し、ときに道草を食ったり回り道をすることもある。しかし、それは決して無駄な時間ばかりではありません。むしろ、そうした無駄と見える時間が人生を豊かなものにすることがしばしばあるのです。

若いときの勉強の工夫が人生の時間を長くする

谷沢先生はセネカの時間というものの捉え方はおよそ二つに分かれるといっています。

「第一には、年齢の如何《いかん》を問わず、時間を浪費するなかれという訓戒《くんかい》である」

これについて谷沢先生は次のように指摘します。

「人生に最も効き目のある金言は、若い時は二度ない、という絶対の真実である。もし若い時にうかうかと時間を浪費すれば、もはや失われた時間を取り返す機会《チャンス》はない。そのとき生じた空白は、世を終えるまで空白のままである。頭脳という貴重な容器《いれもの》に美酒を一滴も注ぎ入れないで、中味は空《から》のまま用いられずに終わるのである」

だから、若いときの勉強が大切だというのです。また、朱熹もそう教えています。まさに「少年老い易く学成り難し」です。

そして谷沢先生は、「若い時に為すべき自己鍛練《たんれん》の修行は、もちろん読書にとどめをさす」といいます。先生自身も非常に工夫をして読書をされていました。たとえば、次のような具合です。

「手当り次第の雑書雑読に耽《ふけ》るため、蔵書をあらかじめ分類し、書斎用、外出用、厠《かわや》用、寝室の書見台用と分けておいた。岩波文庫の『ユリシーズ』には特別に多くの注がついているので、いちいち本文と注とを行ったり来たりするのは煩《わずら》わしいから、二セット買って本文と注をそれぞれに開いておき、ひと目で参照できるようにはからった」

時間を無駄にするなというのは、まさにこういう努力をいうのでしょう。

江戸時代の儒学者佐藤一斎《さとういっさい》は『言志晩録《げんしばんろく》』の中で次のようにいっています。

「少《わか》くして学べば、則《すなわ》ち壮《そう》にして為すことあり。壮にして学べば、則ち老いて衰《おとろ》えず。老いて学べば、則ち死して朽《く》ちず」

セネカや朱熹、そして谷沢先生が教えているのは、この佐藤一斎の言葉にも通じるものがあります。若いときに時間を惜しんで工夫をして学ぶ。それが身についている人は、生涯にわたってどれだけ時間を節約できるでしょうか。

同じだけの時間の長さを生きていても、節約の心がけのある人とない人とではおのずと到達点が違ってくるはずです。工夫をして創出した時間を有効活用することによって、後悔の少ない人生を送れる可能性はより高まるはずです。ゆえに時間を浪費するなとセネカもいうのでしょう。そして、そのためには工夫が必要だと偉大な先人たちが教えているのです。

なぜ地位役職を得たいのか、その動機を問う

次に、時間についてセネカがいおうとしている第二のことは、「浮世の肩書など人生に必須《ひっす》でない地位役職に執着するなかれという警告である」と谷沢先生は指摘しています。肩書など人生に必要ないから執着するな、というわけです。これはいかにも谷沢先生らしい言葉です。

先生は「大学に三十五年間在職したけれども、いかなる役職にも就かずに通し

た」と自らの体験を述べています。しかし、「ほとんどの人は肩書に執着している」と。そういう人たちを蛹族《さなぎ》と呼ぶそうです。「蝶《ちょう》になりたいチョウ（長）になりたい」というわけです。これは谷沢先生の名文句でしょう。

谷沢先生は自らの言葉を実行していました。自由な時間がもっと欲しくて、七十歳の大学の定年を迎える九年前、六十一歳のときに大学を辞めてしまいました。そして、ベストセラーとなった『人間通』を書いたのは定年退職をしたあと、六十代半ばのときでした。大学で教えていると、自分の本当に書きたいものはなかなか書きにくかったのでしょう。

何度も繰り返しますが、長になることが悪いわけではありません。これは視点の差なのです。長になるといっても、学校で長になるというのと、社会の長とは違います。

学校で長になっても、別に権限を揮《ふる》えるわけではありません。たとえ学長になっても、普通の大学なら入学する学生一人決められません。

大学を発展させるためにたくさんの寄付を集めたり、図書館整備のために一所懸命努力をしたり、そういうところに人生の喜びを見つけられるのならば、長になるのもいいと思います。セネカはそうしたものはすべてネゴティウムであって無駄であると捉えるわけですが、私はそこまで否定すべきではないと考えます。

ただし、金銭や名誉を得るための手段として長になりたいというのは、セネカのいうように、あまり意味のあることだとは思えません。谷沢先生もそこを指摘しているのでしょう。

名誉欲は人情の自然、無理に否定する必要はない

谷沢先生は「セネカの徹底した人生観に学びながらも、セネカの語り及ばなかった人の世における一面にも触れておきたい」といって、伊藤仁斎《いとうじんさい》の例を挙げています。

伊藤仁斎は『童子問《どうじもん》』の中でこう述べています。

「富貴爵禄《ふきじゃくろく》は、皆人事の無くんばあるべからざる所の者、只当《ただまさ》に礼儀を弁《べん》ずべし」

これは「財産に身分地位に名誉象徴に俸禄《ほうろく》は、すべて人間社会になくてはならぬ制度である。ただし、倫理的に正しく筋の通った受け方であるか否かを吟味《ぎんみ》せよ」といっているわけです。

なぜ仁斎がそういったかといえば、儒者の中に、世の中の多くの人が望む富貴爵禄を塵芥《ちりあくた》のように軽んじることによって精神が高潔である証拠であるといわんばかりの者がいるからだ、と。しかし、そうではないと仁斎はいっているのです。そして谷沢先生も仁斎に同意しているわけです。

そういう儒者たちの「富貴爵禄を排斥《はいせき》する一見カッコいい議論を、綺麗《きれい》さっぱり洗い去ってしまわなければいけない」と谷沢先生はいい、これに対して、「仁斎は人間の名誉欲を肯定した。名誉欲は悪でもなく恥でもない。万人に共通する人情の自然である。仁斎は人情を尊び人情を慈《いつく》しんだ」と評価しています。

仁斎自身は一生何の肩書きもなかった人です。京都の堀川《ほりかわ》に塾を開いて門弟の教育に力を注ぎ、一千石で招かれても行きませんでした。谷沢先生はそういう仁斎の生き方を評価したのでしょう。

要するに、厭《いと》うべきなのは富貴爵禄ではなくて、それらに対する嫉妬なのです。形式的なカッコいい議論ばかりしていると、世の中のすべてが否定すべきものに見えてきて嫌になってしまう。しかし、それでは人間社会の中では生きていけない、ということなのです。

その点で、何度も繰り返すように、「セネカは世の卑《いや》しい嫉妬を潔癖《けっぺき》に排《はい》するあまり、湯を捨てるに赤ん坊をも、ともに流してしまった」と谷沢先生は指摘するのです。これはストア学派に対する鋭い批判であり、伊藤仁斎の言葉にも重なってきます。

逆境に強く順境に弱いストア哲学

また、孔子も同じようなことを教えています。『論語』の泰伯《たいはく》第八に次の言葉があります。

「天下道あれば則ち見《あらわ》れ、道なければ則ち隠る。邦《くに》に道あるに、貧しくして且《か》つ賤しきは恥なり。邦に道なきに、富みて且つ貴きは恥なり」

孔子は「国に道があるのに貧乏をしていて身分も低いままでいるのは恥だ」といっているのです。逆に「国に道がないのに、金持ちで高い身分にあるのも恥だ」というわけです。たとえば、ネロが暴政を布いているような時代に、富み且つ貴いのは恥だといっているわけです。

これは誠に立派な話です。今の世界でいえば、北朝鮮のような道のない国にいて富み且つ貴いのは恥だといえばいいでしょう。逆に、日本みたいな国にいて貧にして賤なるのもあまり名誉ではないよ、というわけです。これは伊藤仁斎も恐らく同じ考えでしょう。

ところが、セネカにとっては道があろうがなかろうが、そんなことは関係ないのです。すべていっしょくたにして無視してしまい、「瞑想が一番」というような話になってしまう。それがストア哲学の良さでもあり欠点でもあるのです。

こういう考え方をしますから、ストア哲学は逆境のときには非常に強い力となります。しかし、順境のときには果たしてどれだけ役に立つのだろうかという疑問が生じます。

事実、順境のときの心がけについて、セネカは何もはっきりと述べていません。セネカ自身、ネロに取り立てられて王に次ぐ大金持ちとなり、世間的に見れば順境の極みともいえる時期を過ごしました。ですから本来であれば、それを含めた人生観を明らかにすべきだったと思います。

なぜそうしなかったのか。要するに、ストア学派は逆境の哲学であって、順境のときにはあまり必要とされないからでしょう。ゆえに、順境についてはふれなかったのではないでしょうか。

ただし、だからといってストア哲学を無視して構わないとはいえません。人間はいつ逆境に遭うかもしれないのです。その点で、あえて心の底にストア哲学的な思想観を持っておくことは非常に意味あることです。それによって、人間としてより強くなれると思うのです。

酒は飲むべし、飲まれるべからず

時間を浪費する人たちについて、セネカは次のように具体的に述べています。

私はとりわけ酒と性のみに熱中する者たちを第一に挙げる。つまり、これほど恥なことに心を奪われる人間はないからである。これ以外の者たちは、たとえ名誉への空しい夢に魅《み》せられても、その誤りは見かけが悪くない。強欲な人間とか短気な人間を挙げてくれてもよい。また不当な憎悪とか不正な戦争に熱中している人間も。こういう連中は、みな男らしく誤ちを犯していると言える。しかるに飲食や性欲に耽《ふ》ける者のすることは恥ずべき汚辱《おじょく》である。これらの者が費す時間の全部を調べあげてみるがよい。……彼らのすることは、善きにつけ悪しきにつけ、息をつく暇さえも許さないほどであることが分かるであろう。

二昔ぐらい前の頃は、会社の付き合いなどで二次会、三次会と飲む機会がしばしばあったようです。そのときに、内心は嫌なのに付き合わされるというのは時間を無駄にしているという感じがします。

あるいは、性的なことのみに熱中する者もローマの宮廷にいたようですが、それをセネカが軽蔑《けいべつ》するのは当然の話です。無駄な時間を過ごしていると、ストア学派の人たちは思うのです。

しかし、これにしても谷沢先生が指摘するように「酒が好きで味わいを楽しむタイプ」の人もいますし、飲めば思考力が活性化して「平素よりも発想の波動が広がり高まるので、有益な企画の交換によって、生産的な思考が潑剌《はつらつ》と高まる」ような人もいるので、一概に無駄とはいいきれないかもしれません。そう考えると「飲酒は必ずしも悪徳ではない」し、「酒を理も非もなく排斥《はいせき》するセネカは一方的に過ぎるのではないか」という意見になるわけです。

要するに、酒を飲むことに熱中してしまうとか、性的なことに熱中するだけの人間にしても、周囲から見ると仕方のない人間だなとは思うけれど、すべて否定するほどのものでもないということになるでしょう。

これについて谷沢先生は面白い例を挙げています。雑誌『ミセス』の編集長が就職試験に集まった若い女性たちに「皆さんのなかで酒の飲めない人はただちにお引き取り下さい。酒が飲めなくては雑誌の編集はできませんから」といったというのです。昔の執筆者には飲み助が多かったから、付き合わないと仕事にならないということもあったのでしょう。

私の体験でいうと、ある出版社の編集者が酒好きで、しばしば酒席で本の企画が生まれたということがありました。ですから、谷沢先生が「ジャーナリズムの根幹は企画力であって、企画なるもの理詰めに非《あら》ずして閃《ひら》めきであるから、その新奇《しんき》な発想が生まれるのは、ほとんど酒を媒体《ばいたい》とする交歓の場である」というのも頷《うなず》けなくもありません。谷沢先生ご自身、お酒の好きな方でした。

とはいえ、酒を義務的に飲むのは決していいことではないでしょう。かつて高度成長期の日本には、接待などで酔っ払ったサラリーマンが終電車で眠りこけているといった場面もしばしば見られました。そういう義務的な飲酒というのは、やはり人生の貴重な時間を無駄にしているなと見えなくもありません。憂《う》さ晴らしの飲酒というのも同様です。

多忙を憎むのは「嫉妬」の論理である

セネカはネゴティウムに時間を費やす多忙な人間には自分自身を省みる暇がなく、良く生きることができないと一貫して主張しています。たとえば、次の箇所もそうです。

結局は誰の意見も同じであるが、**多忙な人間には何ごとも十分に成し遂げることは不可能である。……心が雑事に追われていると何ごとをも深くは受け入れられず、すべてのものを、いわば無理に詰め込まれたもののように吐き出してしまう**からである。実際多忙な人にかぎって、生きること、すなわち良く生きることが最も稀である。

ここでセネカが「雑事」といっているのは、もちろんネゴティウムのことです。セネカはそうした雑事に追われて多忙な人は良く生きることが難しいと断言しています。しかし、これについても谷沢先生は反論しています。「多忙を憎むのは事業や政治に成功しなかった者が発する嫉妬の論理にほかならない」と。

私は「嫉妬の論理にほかならない」とまではいいませんが、成功した人が多忙でないはずがないという意見には同意します。その点で、谷沢先生が指摘するように「雑事に追われていると、弁論の勉強も学問も効果がないという決めつけも、雑事なるものが、いかなる栄養素をもたらさない無意味な徒労《とろう》である場合に限る、という前提が必要である」というのも、その通りだと思います。実際に、雑事の如きものが単に座って黙想しているよりも重要なことがありうるからです。

学問にしても「世間からわが身を隔離して、専念一向に自己閉塞《へいそく》して没頭すれば、記憶ばかり超人的に埋蔵《まいぞう》できる」かもしれませんが、それはとくに驚くべきことでも尊敬するべきものでもないというのが谷沢先生の意見です。たとえば「南方熊楠《みなかたくまぐす》は記憶力の世界に稀な天才ではあったが、人の世を少しでも豊かにする新しい見方や考え方を、ついに何ひとつ同胞《どうほう》への贈り物として残すことはできなかった」というわけです。

「雑事」に価値を見出した新渡戸稲造の卓見

このことを谷沢先生以前に指摘しているのが新渡戸稲造先生です。新渡戸先生は、当時、京大や東大の法学部教授を務め、あるいは第一高等学校の校長になるといった、日本のアカデミックの頂点に立っていた方でした。その人が『実業之日本』という通俗雑誌に連載をされたのです。それに対して非常に多くの批判があったのですが、新渡戸先生は断固として書き続けました。こういうことは当時としてはほとんど例を見ませんでした。

その弁明といってはおかしいのですが、新渡戸先生はなぜ通俗雑誌に書くのかという理由を次のように述べています。

昔、忘却《ぼうきゃく》先生と呼ばれた非常に博識な漢学者がいたというのです。この先生は万巻の本を読んで、何一つわからないものがないというほどの知識を持っていました。しかし、その学問を活かして使う才能がなかったため、一冊の本を書くわけでもなく、せっかくの深い学識も役立てることができませんでした。

そのうち、この偉い先生もだんだん年をとって、記憶力が衰え、読んだ本の内容を忘れるようになってしまいました。それどころか、見聞したこともことごとく忘れ、ついには人に会ってもしばらくすると名前も顔も忘れてしまうようになりました。そして最後には自分の年も忘れ、人と話しても目上の人か目下の人かの区別もつかず、老若男女の区別も一切できなくなってしまったのです。

それで人々は昔偉かったこの学者を嘲笑《あざわら》って、忘却先生と呼ぶようになったというわけです。

この話を聞いたとき、新渡戸先生は感じるところがあったというのです。その人のした勉強はなんだったのだろう、と思ったわけです。そして、自分も齢《よわい》五十を超えようとしている今、忘却先生の轍《てつ》を踏まないように、かつて自分が見聞したことで若い人のためになるようなことを語っておこう、と。通俗雑誌であろうが何であろうが、忘れないうちに書いておくのだというのです。

この仕事が新渡戸先生を忙しくしていたのは事実なのですが、新渡戸先生はそこに価値を見出しています。忘却先生のように、ただひたすら勉強するだけで何も世の中に残さないとしたら、その勉強にどういう意味があるのか。雑事であろうと、自分は忘却先生のようにならないように書いておくのだ、と。

そういう考え方はあっていいと私は思うのです。ひたすら瞑想をして自分一人が悟ったところで、周囲に何も影響を及ぼすことがなかったとしたら、それにどれほどの価値があるのか。それよりも、たとえ雑事、ネゴティウムにかかわることであっても、自分が習得した知識を伝えるほうが人生の価値はより高まることもあるでしょうし、社会や人間の進歩発展に寄与できる場合もあるでしょう。

まさに新渡戸先生はそこを考えたのです。この点では、セネカよりも新渡戸先生の考え方のほうが常識的であるし、また優れているといっていいでしょう。

これに対して、セネカは「偉大な人物、つまり人間の犯すもろもろの過失を超絶した人物は、自己の時間から何一つ取り去られることを許さない。それゆえに、この人生はきわめて長い。用いられる限りの時間を、ことごとく自分自身のために当てているからである」と述べています。それは確かにそうなのですが、新渡戸先生と忘却先生の例もあります。

セネカ的にいえば、忘却先生は偉大な人物であるはずですが、実人生では他人に何も影響を及ぼすことなく、最後は長い時間をかけて学んできたこともすべて忘れてしまったのです。

これが果たして有意義な人生であったといえるのか、豊かな一生であったといえるのか。決してそうはいえないと思います。

その点で、セネカあるいはストア学派には危険なところがあるのです。先にも指摘しましたが、逆境のときには非常に頼もしい力となってくれるのですが、順境にあるときは、そのすべてを鵜呑《うの》みにしてはいけません。常識をもって補わなくてはならないと思うのです。

◉第五章◉

この一瞬を真剣に生きる

哲学者としての覚悟――セネカはなぜキケロを批判したか

セネカより少し前の時代のローマに生き、セネカと同じように、政治家、哲学者として名を馳せた人物にマルクス・トゥルリウス・キケロ（前一〇六～前四三）がいます。

キケロは当代第一の雄弁家であり、財務官、法務官を経て執政官《しっせいかん》となって活躍し、元老院からの信頼も厚い人物でした。しかし、のちにカエサルとポンペイウスを筆頭とする元老院が対立したとき、当初中立の立場をとっていたにもかかわらず、カエサルが劣勢になるとポンペイウス支持を表明するなど日和見《ひよりみ》的な態度をとったことで元老院の信頼を失いました。

その後、政治から身を引き学問に専念しますが、カエサルが暗殺されると、後を継ごうとしたアントニウスに対する弾劾《だんがい》演説を行い、人気のあったオクタウィアヌスを支持します。

しかし、アントニウスとオクタウィアヌスの間で話がまとまって三頭政治が始まると、身の危険を感じたキケロはローマから逃亡します。そして最後は、アントニウスの放った刺客によって殺害されてしまうのです。

セネカはこうした一連のキケロの身の処し方について哲学者らしくないと批判しています。

キケロは、国家とともに翻弄《ほんろう》されながら国家の滅亡を引き止めんとしているうちに、遂に没落することになったが、順境に安んずることもできず逆境に堪《た》えることもできなかった。……彼はアッティクス宛ての一本の手紙のなかで、なんと哀れな言葉を吐いていることか。……過去の歳月を嘆き、現在に不満を述べ、将来に絶望している。

さらにキケロが自分自身を「半ば自由を失った者」といっていることについて、それは哲学をやった者の態度ではないと批判しています。

誓って言うが、賢者は決してこんな卑屈《ひくつ》な言葉を用いるものではない。半ば自由を失うことなど決してなく、完全にしてかつ安定した自由を常にもち、束縛《そくばく》を受けず、己れ自らを支配し、しかも他にぬきんでるであろう。なぜならば、運命を乗り越えている者を、乗り越えられるものは何もないからである。

哲学者は外的な環境がいかに不遇であっても、それに屈することはないし、いかなるときでも自由であるというわけです。

誰の束縛も受けず、自分で自分を支配する。ゆえに、本当の哲学者は無敵であるというのです。

セネカ自身は、先に述べたように、ネロから自殺を命じられたときに、自分の身をもってこれを立証しました。それゆえ、キケロを批判する言葉には迫力がありますす。セネカは、哲学者として生きる確乎たる覚悟を持っていたといっていいでしょう。

不平を口に出すだけでは人生は変わらない

他人の眼には幸福そうに見えるのに、当の本人が自分自身の人生に納得いかず、不満を述べたり、嘆いたり、という例はいくらでもあるとセネカはいっています。しかし、そういう人たちが納得いくように自分自身の生き方を改めたかというと、そんなことは決してない。不満や嘆きを言葉にして吐き出してしまえば、それで満足して、元のとおりの習慣に逆戻りしてしまうというわけです。

これは今もなお、よく見聞きすることではないでしょうか。自分にはもっと能力があるはずだが、それを生かす機会がないとか、自分を取り立ててくれる人がないと文句をいう。けれども、大抵の人は文句をいうところで止まってしまって、状況を変えるために自らが何か行動をするわけでもない。これではやはり、人生は開けないでしょう。セネカもそのあたりを指摘しています。

諸君の人生は、たとえ千年以上続いたとしても、きわめて短いものに縮められるであろう。諸君の悪習に食いつくされない時代は、一時代もないであろう。実際この人生の期間は、本来流れ去っていくものであっても、理性によって延ばすことはできるが、しかし速やかに諸君を見捨てていってしまうことは必至である。**なぜならば諸君はこれを摑《つか》まえもせず、引き止めもせず、万物のうちで最大の速度をもつ時の流れを遅らせようともしないかわりに、それを無用なもののごとく、また再び得られるもののごとくに、過ぎ去るに任せているからである。**

時間はどんどん流れ去っていく。それを引き留めることはできない。それは理性によって引き延ばすことはできるのですが、それもしようとしない。その結果、時は無用のもののごとく過ぎ去ってしまう。あるいは、また再び時間が得られるもののごとく勘違いして、過ぎ去るに任せている。そして、もう取り返しのつかない年になって、流れ去ってしまった時間の貴重なことに気づいて悔いることになるわけです。

不平や不満を抱いたときには、決して文句をいって終わりにしてはいけないのです。その場で原因を徹底的に究明し自省して、状況を変える努力をしなくてはいけない。そうしなければ、いつか必ず後悔をするときがやってくる。そのときに嘆いても遅いのだとセネカは繰り返しています。

現実を見据えて未来を思い描くことが大切

セネカの関心は自省による自己の探究にあります。その点では、常に「今をどう生きるか」というところを問題にしているといっていいかもしれません。セネカにとって未来とは考える必要のない不確定なもので、現実をおいて未来を夢想するというのは全く無意味なものなのです。セネカが未来について語っている部分を読むと、それがよくわかります。

誰もみな自己の人生を滅ぼし、未来に憧《あこが》れ現在を嫌って悩む。しかるに、**どんな時間でも自分自身の必要のためにだけ用いる人、毎日毎日を最後の一日と決める人、このような人は明日を望むこともないし恐れることもない。**なぜというに、新しい楽しみのひとときが何をもたらそうとも、それが何だというのだろうか。

セネカは、こういう人を理想にしているのです。自分の現在の苦しさを直視するのが嫌だから楽しい未来を夢想する。それによって一時の安らぎが得られたとしても、そんなものになんの意味があるだろうか、というわけです。セネカにしてみれば、そんなものは貴重な時間の無駄遣いだというのでしょう。

確かに、できもしないことばかりを夢想して、あるいは自分の能力を過大評価して、評価してくれない周囲に不平を唱えるような人もいるかもしれません。見方を変えると、その人は目の前の苦しさから逃れようとしている。セネカのいうように、無意味な時間を過ごしているといっていいでしょう。

一方で、未来への希望を持ち、それをモチベーションとして努力を続けて能力を開花させ、思いを実現していく人もいます。そういう人にとっては、まだ何も手にしていないときに未来を思い描いたひとときが、非常に重要で貴重な時間になったわけです。

成功者の自伝などを読むと、そういう話がしばしば出てきます。それを考えると、未来に憧れを抱くこと自体を全く否定してしまう必要はありません。

大切なのは、現在の自分の姿をどれだけ的確に把握しているかであり、思い描いた未来にどれだけの具体性があるのかということなのです。当然、希望が大きければ大きいほど努力が求められますし、成功するまで努力をやめないという覚悟も必要になるでしょう。

これについて谷沢先生は次のように述べています。

「セネカの訓戒によれば、生きることとの最大の障害は期待を持つということである。……しかし期待にもまた二通りある。常識で考えれば実現の不可能な、自惚《うぬぼ》れあるいは無分別に基づく奇矯《ききょう》な期待は愚かである。けれどもわが能力を冷静に測定し、能《あた》う限りの精力を奮い起こして、無理なく到達できるであろう目標を定め、努力を重ねて思い描く期待は、生きる張り合いをもたらすであろう」

この意見に私は同意します。現実逃避のための夢想には意味はないけれど、自分の現在の能力の不足を見据《みす》えて、未来に向けた計画を練り、それに沿って努力することには大いに意味がある。むしろ、そうしたものがなければ、人生の成功はおぼつかないのではないかと思うのです。

今を一所懸命に生きることが後悔のない人生をつくる

セネカは、「どんな時間でも自分自身の必要のためにだけ用いる人、毎日毎日を最後の一日と決める人、このような人は明日を望むこともないし恐れることもない」といっていますが、これはなぜでしょうか。セネカはその理由を次のように述べています。

「このような人生には、加えるものはあっても、引くものは何一つありえない」からである、と。そして、そういう人の人生には加えるにしても、「すでに食べ過ぎて満腹している者に、欲しくはないが口には入る若干《じゃっかん》の食べ物を与える程度である」というのです。

今日という一日に満足している人は無意味な夢想をしないし、ただ今のみを見据えて生きているから、不確定な明日のことなど考える必要はない。今日を生きることに一所懸命だから、たっぷり時間が残されているというわけです。セネカはこのようにすべての時間を自分自身で握っている人を理想としているのです。

セネカによれば、普通の意味で、時間的に長く生きた人を「長生き」というのではないのです。単に時間的に長生きしたというのは、「長く生きたのではなく、長く有ったにすぎない」というわけです。そして、「生きる」ことと「有る」ことの違いを「航海」にたとえています。

たとえば或る人が港を出るやいなや激しい嵐に襲《おそ》われて、あちらこちらへと押し流され、四方八方から荒れ狂う風向きの変化によって、同じ海域をぐるぐる引き回されていたのであれば、それをもって長い航海をしたとは考えられないであろう。この人は長く航海したのではなく、長く翻弄されたのである。

この比喩はわかりやすいのではないでしょうか。晩年を迎えたとき、かなり多くの人が自分の人生を振り返って、こうした印象にとらわれるのではないかと思います。

悔いのない終わりを迎えるために今をどう生きるか

こういう女性を知っています。その女性はずっと未亡人でいて、子供が育って心配なくなったところで女子修道院に入りました。そこから彼女が望んだ、本当の生き方が始まったのです。このように、ある程度の年齢になってから、若き日に望んだ生き方を選ぶ人もいます。

あるいは初代ローマ皇帝のアウグストゥスのように、「神々が他の誰よりも沢山のものを授け給《たも》うたにもかかわらず、自分のために絶えず休息を願い、国務から自由になることを求めて止まなかった」という人もいます。彼は結局、自分の望む自由を手に入れることはできなかったのですが、そのような人は「いつかは自分自身のために生きよう」という思いを慰《なぐさ》めとして、自分の労苦を和らげていたであろうとセネカはいっています。

このように十人十色の生き方があります。セネカはオティウム的な生き方をすすめますが、どんな生き方を選ぼうと自由なのです。ただ、いずれにしてもいえるのは、ぼやぼやしていてはいけませんよ、ということです。ぼやぼやしていると、人生はあっという間に過ぎ去ってしまいます。

土壇場《どたんば》になって、自分が本当にやりたかったことを始めようとしても遅すぎる。そういう人は、やはり人生に大きな悔いを残すことになりやすいのではないでしょうか。

その意味で、「少年老い易く学成り難し／一寸の光陰軽んずべからず」であるし、「時に及んで当に勉励（享楽）すべし／歳月は人を待たず」なのです。悔いのない終わりを迎えるために、この一瞬をどう生きるかを常に自分に問う。それが大切なのです。

時間を金銭換算する考え方を広めた資本主義

セネカにとって時間は非常に貴重なものなのです。その貴重な時間をいとも簡単に投げ与える人の多いことを、セネカは不思議に思っています。

私はよく不思議に思って見ることがあるが、**誰かが時間をくれるように求めると、頼まれたほうは、いとも簡単にそれに応ずる**ことだ。……（その時間が）いわば**何でもないもののように求められ、何でもないもののように与えられる。何よりも尊いものである時間が、もてあそばれている**わけである。そのうえ時間は無形なものであり、肉眼には映らないから、人々はそれを見失ってしまう。それゆえにまた、最も安価なものと評価される。それどころか、時間はほとんどど無価値なものであるとされる。

人々は時間を無料同然に惜しみなく使う。……もしも死の危険が刻一刻と近づいてくるならば……生きんがために財産の全部でさえ投げ出そうとしているではないか。……いつ尽きるとも知れないものは、ますます細心な注意をもって大切にしなければならない。


時間を無価値なものだと考え、タダ同然に惜しみなく使う人が多いけれども、いざ自分が死に直面するような事態に陥ると、全財産を費やしてでも生き長らえようとするじゃないか、というのです。

私は田舎で生まれ育ちましたからわかるのですが、昔の田舎の人たちは、時間が尊いという感覚は持っていなかったと思います。

そういう人たちを含め、多くの日本人に「時間とは尊いものだ」ということを教えたのは、戦後の資本主義です。資本主義は「タイム・イズ・マネー」という感覚を日本に根づかせました。

たとえば敗戦までの日本は、女中《じょちゅう》さんを雇っても時間給という意識はなかったと思います。雇う側にとっては「雇えばいつ使っても構わない」という感じでしたし、雇われる側もそれに異を唱えることはありませんでした。日本には明治時代に資本主義が入ってきましたが、戦前までのそれは、まだ本当の資本主義ではなかったというわけです。

ところが、敗戦後にアメリカの風習が入って来ると、時間に対する感覚がすっかり変わりました。あらゆるものが完全に時間どおりに動くようになりました。今はアルバイトでもパートでもすべて時間によって管理され、給与も支払われています。

私が知っている子供の頃の農村は、タイム・イズ・マネーではなかったのです。手伝いを頼まれればタダでもやりました。あるいはちょっとご馳走《ちそう》にでもなれば、それで満足するという感じでした。

その頃は同じ共同体の中での互助的な意識が非常に強かったのです。だから、金で労働を換算するという発想がほとんどありませんでした。「お互い様」という感覚で、労働が行われていたわけです。

この点は、今ではすっかり変わってしまっています。よしあしはあるとしても、アメリカ的な資本主義が入ってきたことによって、昔ながらの日本の風習が塗《ぬ》り替えられてしまったことは確かでしょう。

一生を酔生夢死で終わらせないために

命ある時間の減ることを恐れる気持ちは多くの人が口にするところです。しかし、それはイメージにとどまっていて、本当の意味で時間が貴重なことを知っていないとセネカはいいます。だから、時間の減るのを恐れる人であっても、自分の愛する者たちのためになら「自分の年月の一部をいつでも与える用意がある」というのです。これは時間の貴重なることを本当の意味で自覚していないからいえるのだ、というわけです。

では、なぜ自覚されないのでしょうか。理由は明白です。それは時間の減少が目に見えないからです。

損失は受けても目には見えない損害であるから、彼らには我慢《がまん》ができるのである。誰ひとりとして年月を呼び戻す者はないし、誰ひとりとして再び元の君に返す者はないであろう。

そして自覚されないまま、時間はいつも同じように流れていきます。

騒ぎ立てることもなく、自らの速度を促すこともないであろう。黙々として流れていくであろう。たとえ帝王の命令によっても、あるいは民衆の賛成によっても、更に引き延ばされることはないであろう。……そして結局はどうなるのか。君は多忙であり、人生は急ぎ去っていく。やがて死は近づくであろう。そして好むと好まざるとを問わず、遂には死の時を迎えねばならない。

こういうのを酔生夢死《すいせいむし》というのです。あとに何も生きた形跡を残すことなく、あれよあれよという間に一生を終えてしまう。セネカは、果たして酔生夢死でいいのか、人生とか死とか運命とかといったものをじっくり考える時間を持たなくて後悔しないのか、と警告しているわけです。

自分の体験もあるのでしょうが、セネカは次のようなことをいっています。

彼ら（いつも未来のことを口にしている人間たち——引用者注）**はますます良い生活ができるようにと、ますます多忙をきわめている。生活を築こうとするのに、生活を失っているのだ。**

本末転倒しているではないか、と。こういう生き方は愚劣《ぐれつ》であるとさえセネカはいいます。

これについて私が感心したのは、アメリカの高給取りの野球選手が家族との生活を大切にしたいからといって引退したという話を聞いたときです。ああ、このアメリカ人は哲学者だな、という感じがしました。日本でいえば、山口百恵などはセネカが褒めるような賢明な選択をしたといっていいでしょう。ものすごく忙しく、そのときに日本で一番売れていた歌手が、自分の充実した時間を持つために家庭に入ってしまうわけですから。

私たちの身近にも、そういう哲学的な行為をする人はしばしばいるものです。そういう人たちの生き方に学ぶことも多々あるのではないでしょうか。

明日よりも今日を生きるしかない時代がある

生きることの最大の障害は期待をもつということであるが、それは明日に依存して今日を失うことである。……将来のことはすべて不確定のうちに存する。今直ちに生きなければならぬ。

未来よりも現在を重視するセネカは、当たり前のように明日よりも今日を大切に生きよ、といいます。しかし、これもある意味では一方的な言い方です。谷沢先生は「世の誰にとっても現在は、もうじき駅に到着して乗車の運びとなる列車を、苛々《いらいら》しながら待っている無用の時間ではない」とセネカの考え方を批判し、さらに、こう続けます。

「毎日毎日を最後の一日と決める人は、なるほど明日を望むこともないし恐れることもないであろう。その人の心情は静謐《せいひつ》であって焦燥《しょうそう》がない。確かに結構な安らぎである。しかし、その人は貴重な最後の一日を、何をして過ごそうというのであろうか」

今を生きるといって、この今に何をしようとするのか。この「何を」が明確になっていないとしたら、そういう人は明日を待たず今日すでに死んでいるといっていいのではないか、というのです。一日瞑想をして無為に過ごせばいいというものではない、ということでしょう。

「それゆえ毎日毎日を最後の一日と決めることに何の意味もない。セネカにとっては無為であることが最も望ましいのであろう。この時代には有益な仕事がなかったのだ。働くことがすべて齷齪《あくせく》じたばたの醜《みにく》い我欲の発露《はつろ》と蔑《さげす》まれた活力も覇気《はき》もないのが実相《じっそう》であったろうか」

セネカの時代には、明日に夢を見るような仕事がなかったのであろう。ゆえに、無為に一日を過ごすことが最も幸せな生き方だったのではないか、というわけです。これは確かにそうなのでしょう。ただ、私はセネカの教訓が通用するシチュエーションがあると思うのです。それは戦時中です。戦争をしている間は、毎日毎日、明日は撃たれて死ぬかもしれないし、空襲を受けて爆弾が降ってくるかもしれません。とくに軍隊に入っていると上官の命令で動かなくてはなりませんから、個人の意志では何もできないという状況です。そういう状況下では、毎日毎日を最後の一日と考えて生きるより仕方がなかったのではないでしょうか。これは非常事態ですが、こういう例も考えられると思います。

また、これは想像ですが、今の北朝鮮の一般の民衆とか、毛沢東時代の中国の民衆、スターリン時代のソ連の民衆などは、未来を考えたところでしょうがないような状況に置かれている（置かれていた）はずです。ゆえに、毎日、今日が最後の一日だというくらいの気持ちで少しの楽しみを楽しみ、少しのできることをやって、明日のことは考えないということがある（あった）かもしれません。

未来を考えてみたところで憂鬱《ゆううつ》になるばかりだから考えないということは、置かれた状況によってはあり得ると思うのです。そしておそらく、ネロが皇帝の頃のローマも、それに共通する特徴を持った社会だったのではないかと考えられます。

内発的な努力と結びつくような夢を描く

私も今日を懸命に生きることの大切さは重々承知しています。しかし、セネカとは違って、将来を見据えて夢を持つことが人生にとって一番重要なことなのではないかと思うのです。潜在《せんざい》意識の活用を唱えたジョセフ・マーフィーのいうように、しかるべき夢を持って自己内発的にコツコツと努力を続けていくと、それがいつか実現するものであると信じています。私自身、そうして生きてきました。

自己内発的な夢というのは、そこに喜びがあります。喜びを抱いて努力することが、運を呼び寄せ、人生を開く鍵になると思うのです。今日の社会は、ネロの頃のローマとは違って、そういう夢を抱ける社会です。

ただ、未来を考えすぎて後悔することになるというのもあり得る話です。田中菊雄《きくお》さんという人がいました。この人は小学校卒ですが、猛烈な勉強をして旧制中学の英語の先生になりました。そして次に旧制高校の先生になるべく猛勉強をしていました。旧制高校の先生というのは今でいうと大学の先生です。小学校卒の学歴で大学の先生になろうというのですから、並大抵の勉強ではなかったはずです。

そんな田中さんのもとに、あるとき親類だったか父親だったかが遊びにやって来ます。普通、身内の者が遊びに来たら一日くらいは付き合うものですが、田中さんは試験があるというので、付き合わなかったのです。試験といっても明日、明後日にあるわけではなかったから、時間は十分にありました。つまり、田中さんは遊びに付き合うことを時間の無駄と感じたわけです。

しかし、彼は終生そのことを悔いています。それは彼の優しさでもあるのでしょうが、つくづく考えてみると、先の試験ばかり気にしてその日にやるべきことをやらなかったというのが彼の悔いとなったのです。

こういう例もあります。だから、あまり未来のことばかり心配するのもよくないのです。ただし一般論としては、内発的な努力と結びつくような夢を抱くことは、今の社会では最も意義のある生き方といえるのではないでしょうか。

一方で、そんな夢を抱いたら惨《みじ》めになるだけの社会も大いにありえたと思うのです。谷沢先生が指摘するように、おそらくセネカの頃のローマはそういう社会だったのでしょう。しかし、われわれは幸いにして夢を実現できる社会に生きているのですから、夢に向かって努力するという生き方を大切にするのは、むしろ大いに奨《しょう》励《れい》するべきだと思います。

しかるべきときにしかるべきことをやる

幸《さち》うすき人間どもにとって、まさに生涯の最良の日は、真っ先に逃げていく。

これは詩人ヴェルギリウスの言葉だそうです。この「真っ先に逃げていく」ものとは時間を指しています。

時間というものは「たとえ捕えたとしても、結局は逃げていくであろう。それゆえ、時間の速さと競争するには、時間の速度を用いねばならぬ。そして、いわば流れの急な、しかも常に流れているとはかぎらない奔流《ほんりゅう》の水を、急いで汲《く》みあげるようにせねばならない」とセネカはいいます。のんびり構えている暇はないのだ、と。

しかし、それにみんな気づかない。だから、「一体何ゆえに君は安閑《あんかん》と構え、かくも素早く時間の去っていくなかで、悠長《ゆうちょう》にも君の前方に長々と年月を延ばすのであろうか」とセネカは嘆くのです。

これもやはり「少年老い易く学成り難し」と同じ教訓になります。青年の勉強にしても、早くから始めないとなかなか身につかないものです。

相撲《すもう》取りでも、年を取ってから稽古《けいこ》をしたところで強くはならない。しかるべきときにしかるべきことをやらなければ伸びないのです。

そして、「しかるべきときにしかるべきことをやる」ためには、自分にとって「しかるべきもの」とは何かを必死で探求し、明らかにしておかなくてはなりません。何を自分の柱として人生を生きていこうとするのか。それをはっきりさせることは青年期の大きな課題となるでしょう。その意味で、このヴェルギリウスの教訓は青年への教えとしてとても重要なものといえます。

過去を振り返り、内省によって自己を深める

問題は、安閑と構えていたために時を逃し、老年になってしまった人はどうすればいいのかということです。すなわち「先が見えなかったため、用意も防備もないままに達した老年」たちです。

これは昔、良く見られたことです。今は年金があって最低限の生活は保障されている感じですが、まだ年金制度がなかった頃、準備のないまま迎える老年は悲惨《ひさん》なものでした。しかし、大抵の人はそうした悲惨さに老年になるまで気づかないのです。

また老年の悲惨は経済問題に限ったことではありません。年老いてしまったとき、何もすることがないというのも悲惨なものです。

彼らは突然、思いもかけぬうちに老年に陥る。老年が日々近づいていることに気が付かなかったのである。……多忙に追われている者たちには、終点に至らなければそれが分からないのである。

これは壮にして学ばなかった人たちをいっているのです。ずっと忙しいまま定年を迎えてみたら、ハタとやることがなくなったという感覚です。だからこそ、セネカは過去を重視するのです。

人生は三つの時に分けられる。過去の時と、現在の時と、将来の時である。このうち、われわれが現在過ごしつつある時は短く、将来過ごすであろう時は不確かであるが、過去に過ごした時は確かである。

ところが、忙しい人たちはすぐに過去を忘れてしまうのです。

この過去を放棄するのが、多忙の者たちである。彼らには過去のことを振り返る余裕がなく、……喜んで自分を過去に向けようとする者はない。……悪計をもって人を欺《あざむ》いた者、貪欲《どんよく》に盗み取った者、湯水のごとくに浪費した者、このような者は必ずや自己の思い出を恐れるに相違ない。ところが**過去は、われわれの時間のうちで神聖犯すべからざる、かつ特別に扱わるべき部分であり、人間のあらゆる出来事を超越し、運命の支配外に運び去られた部分である。**

過去は変えられないがゆえに、もはや運命に翻弄されることがないというわけです。さらにこうもいいます。

その所有は永久であり安泰《あんたい》である。現在はその日その日だけで、しかも瞬間を単位とする。しかし**過去の時は、諸君が命じさえすれば、そのことごとくが現われるであろうし、君の好きなように眺めることも引き留めることも勝手である。**ただし多忙の人には、そうする余裕はない。

過去を振り返ろうとすれば、それはいつでも姿を表わすというのです。過去は確実であるがゆえに、思い出に耽ること、過去を振り返って反省することをセネカは非常に重視している感じがします。

そのため、ストア哲学の中心は内省にあるのです。自己探求、自己の内省です。内省というのは自分の過去をひっくり返し、掘り返して考えることです。そうすると、いろいろな悟りとか知恵が出てくるというのがストア学派の考え方です。

心配ごとのない平穏な精神は、その生涯のあらゆる部分をあちらこちらと走り回ることができる。しかるに多忙な人々の心は、まるで頸木《くびき》にでもかけられているように、首を曲げることも後ろを見ることもできない。

ここでも過去を振り返ることがいかに大切かと繰り返し述べています。自己反省によって自己を深めることが大切だというのです。

どんなに多くの時間が与えられても、留まるところが何処にもなく、壊れて穴のあいた心を素通りするのならば、それは無駄なことなのである。

忙しくて昔のことを振り返り、反省する暇を持たなければ、人生は無意味なままで終わってしまうのだ、と。内省なき人は、悲惨な老年を迎えることにもなりかねないということでしょう。

人生の手応えを感じていれば忙しさにも意味がある

これについて谷沢先生は前にも述べたように「セネカの思考法はいかなる場合も

素朴な一元論」であるといっています。セネカは忙しいことを極端に嫌っているというわけです。

セネカのいうように、自己反省をする暇もないほど忙しいというのは決していいものではありません。しかし一方で、人生の忙しさの中には「人生の手応え」「生の手応え」といったものもあるのではないかと私は思います。忙しいと思うことが何もなく、毎日毎日穏やかに生きるというのは、ある意味で「のっぺらぼうの人生」だと思うのです。そういう中にずっといて、本当に時間を尊いものだと思えるのだろうか、という疑問もあります。

それは、こういうことです。三十歳の人が禅寺でもいいし修道院でもいいのですが、そういう場所にこもって、そこから出ないで一生黙想の生活を続けたとしたら、その人生はどうなのだろうかと想像してみるのです。

そういう人もやがては死ぬわけですが、そのとき、その人の到達したところを誰に知らしめることもなく死んでゆくとしたら、これは新渡戸稲造先生がいった「忘却先生」と同じではないでしょうか？ それが果たして充実した一生といえるのか

――そういう疑問を抱かざるを得ません。

人生においてはいろいろとやっかいな出来事が起こります。私の経験したことですが、こういう事件がありました。

家族とともにエディンバラで暮らしていたときの話です。私たち一家はワンフロアーを借りていたのですが、子供が弾く楽器の音がうるさいと上に住んでいた家主にいわれ、出て行くように求められたのです。

しかし、私は「出ない」と、大家の要求を断りました。あまりにも突然の申し出だったのです。入居の前に楽器のことは十分話してあり、特別高い家賃を払う契約をしたのです。だから、出て行ってほしいというにしても、もっといいようがあるのではないかと思ったのです。「代わりの住まいを見つけますから」とか、あるいは「家賃を下げますから弾く時間を減らしてくれ」とか条件があってもいいはずです。それをいきなり「出てくれ」といわれたので、断固として拒否したのです。

すると、大家が裁判所に訴えました。それで私は半年の間、イギリスで民事裁判をやることになりました。普通、外国で日本人が民事裁判をやることはないそうです。大抵の人は出張で行っていますから、ごたごたを起こすのが嫌で、すぐに手を打ってしまうわけです。そういう前例があるのを知って、大家は日本人を舐《な》めていたのかもしれません。

しかし、私は相手の言い分に問題があると思ったので徹底的に戦いました。愚かなことをやったかなという気持ちもありましたが、今から考えると、あれは大変な人生の手応えだったと思います。

結果としては、家主の訴えが認められて、音楽は禁じられました。その理由は、大家の奥さんがほんの少しの音も非常に大きく感ずるような精神的な疾患《しっかん》を持っていたからで、それが考慮されたようでした。われわれの入居する前、そのことは知らされていませんでした。

とにかく、私の子供は三人とも音楽学校に入っていましたから、練習ができないのは大変です。結局、学校が面倒を見てくれて、練習場所は確保できたのですが、そこも利用できるのは夜の十一時までと時間制限がありましたから、夕食のあと急いで出かけて行って、十一時まで子供たちは必死に練習しました。私も子供だけをやるわけにはいかないからついていって、そこで自分の勉強をしていました。

このようなわけで、裁判では家で楽器の練習はできなくなったわけですが、最初に事情を説明しておいてもらえれば、その家を借りることはなかったでしょう。ですから、話が違うということで今度は私が大家を相手どって家賃裁判を起こしました。そして、家賃を半額にさせました。

その頃、家賃が月三百ポンドでしたが、家賃裁判をした結果、百五十ポンドが正当であると認められました。半額となるとかなり大きな金額になります。日本に帰国する前、私は弁護士に「どうぞ因業《いんごう》家主から遠慮なく取ってください」と頼んでおきました。だから、弁護料は全く損をしませんでした。こちらもひどい目にあいましたが、相手はもっとひどい目にあったのではないかと思います。

この裁判はいい経験となりました。弁護士と相談したり、こちらの言い分を英文で書いたりと、見方によっては余計な時間をとられました。それを半年続けたわけですが、考えてみると、半年ぐらい大学に行って研究室で本を読んでも大体は忘れてしまうものです。しかし、法廷に十数回出たことは、私にとって忘れがたい経験になりました。まさに人生の手応えを感じた出来事でした。

今挙げたのは特殊な例かもしれませんが、誰でも経験することでいえば、子育てなどはそれこそ毎日が人生の手応えだらけでしょう。そういった手応えを感じていれば、セネカのいうように「忙しいのは時間を奪われただけ」というマイナス感情を抱く必要はないはずです。忙しいだけで流されるように時間が過ぎていくという生き方は問題ですが、忙しい中にも人生の手応えを感じるような生き方であれば、それは決して無駄にならないと思います。

私は大学時代に部落解放同盟に授業の妨害《ぼうがい》を受けたときも、人生の手応えという感覚で乗り切りました。その当時は時間も無駄にしましたし、マイナスだと思いましたが、振り返ってみると、波風の立たない平穏な「のっぺらぼうな時間」を過ごすよりは、ごつごつぶつかった手応えのある時間を過ごしたことが良い経験になったと感じています。

そういう経験をもとにいうならば、セネカのいう「心配ごとのない平穏な精神」も結構ですが、何十年もそんな生活を続けていたら、さすがに退屈になってしまうのではないかと思わざるを得ません。生きているという手応えを感じることによって、人生はより豊かなものになると思うのです。

●第六章●

賢人は人生を教えてくれる

なぜセネカは考証研究を無価値なものと考えたのか

セネカが過去を重視していることは繰り返し述べてきました。過去を振り返って内省することによって、後悔のない人生を送ることができるというのです。ところが、セネカは考証《こうしょう》研究、つまり歴史を探求しようとする学者たちを以下のように批判しているのです。

たとえば、無益な考証の研究にとらわれている人々について言えば、彼らが苦労しながら実は何もやっていないことを疑わない者はないであろう。この種の研究は、すでにローマ人の間でも大きな勢力となっている。ギリシア人にはそのような病癖《びょうへき》があって、たとえばオデュッセウスは幾人の舵手《だしゅ》を抱えていたとか、『イーリアス』が先に書かれたのか、それとも『オデュッセイア』が先かとか、更にはこの両作品は同じ作者の手になるものかどうか、そのほか、この種の様々な問題を突っつき回す癖である。

セネカにいわせれば、考証研究というのは重箱《じゅうばこ》の隅《すみ》をつつくようなことばかりしていて、生きる意味を究明することにはなんら役立たないということになるのでしょう。『イーリアス』と『オデュッセイア』のどちらが先に書かれたかなど、どうでもいいではないかというわけです。

これについて、谷沢先生が非常によく批評しています。先生は、セネカは一刀両断に考証を蔑んでいるけれど、考証には三種類あるのだというのです。

「第一は、まさしくセネカによって罵《ののし》られている考証である。これこれの功績を上げたのはローマの将軍の誰であったか等々、要するに閑人《ひまじん》の時間潰《つぶ》しである」

「考証の第二は、証拠となる材料の如何にかかわらず、昔のこと今のこと東のこと西のこと、何が何でも好奇心の対象となるから、勇んで熱心に研究を始める。……御本人は心魂を傾けた考証であると自認する。けれども正味のところは想像に想像を重ねる空想である」

「考証の第三は、実証的な歴史学の萌芽《ほうが》となる筈《はず》の、事実と証拠に基づく本来の考証である」

本来の考証は実証的な歴史学の萌芽となる価値あるものだというのです。しかし、セネカは「考証の方法が将来どれほど精緻《せいち》になったところで、考証は真当《まっとう》な人間が精魂こめて取り組むに値する作業ではない」と信じているというわけです。

これと同じことをポール・ヴァレリーもいっている、と谷沢先生は指摘し、ヴァレリーの「歴史についての講演」から引用しています。

「歴史的評価をめぐる確執の能力とでも名づけられるものには、これらの精神がもつ教養の程度、彼らの知識の確実さや豊かさ、彼らの誠実さ、また思慮の深さとかいったものが、ほとんど影響を及ぼさないように思われます。

悲劇的な時代をあつかう歴史家たちは、めいめいが一個ずつ、自分好みの首を斬《き》って、われわれに差し出しています。

観察するものと観察されるもの、歴史と歴史家を切りはなすことはできないという事実だけなのです」

だから「歴史家とは、定説を打ち壊すのを旨《むね》とする解体屋である。それゆえ歴史に安定した結論はない。時代とともに歴史は絶え間なく変わるのである」と谷沢先生はいっています。

さらにヴァレリーの「覚書と余談」から次の一節を引用して、セネカとヴァレリーの考証に対する見方が同じであることを明らかにしています。

「じっさい、碩学《せきがく》が図書館で追究するあのおびただしい枝葉末節への興味は、私には理解をこえたものだった。『どうだっていいではないか』と私はひとりで呟《つぶや》いたものである。『たった一度しか起こらないことなどは？』」

これはまさにセネカと同じ見方をしているといっていいでしょう。過去に起こったことの枝葉末節を掘り起こしたところで何になるのかといっているのです。

歴史とは虹のようなものである――考証研究の意義

私は、このセネカやヴァレリーの意見に対して異存があります。本当につまらない考証もあるかもしれませんが、歴史については「国民の歴史（＝国史）」という観点があることを忘れてはいけません。

イギリス人史家オウエン・バーフィールドは「歴史とは虹のようなものである」といっています。彼は「歴史的事実」と「国史」を分けて考えます。「歴史的事実」というのは、見る人、見る場所などによって変わってくるものです。それこそ雨の後の空に残っている水玉の如く無数にあるわけです。

それに対して、「国史」とは、無数の水滴の中に虹を見ようとする行為に似ている。すなわち、ある視点に立って無数の歴史的事実の中から、一国の国民の共通認識となるような虹を見ようとする行為が国史なのだというわけです。つまり、国史とは国民の大部分が「そうであった」と信じている大河の流れのような歴史を指しているのです。

そして虹を見るためには、もちろん特定の視点と距離が必要です。雨が上がったからといって、どちらを向いても虹が見えるというものではありません。だから、視線の方向が重要なのです。また、虹をもっとよく見ようとして近づけばよりよく見えるものでもありません。むしろ、近づきすぎると虹は見えなくなってしまいます。

しかし、見えないのだから虹がないのかといえば、虹はそこにある。そこでバーフィールドはこういうのです。「国史というのは、その国の人たちが見る虹なのだ」と。歴史的事実は無数の水滴のようなものであるけれど、国史は虹のように見えるものであるという見方をしているわけです。

ですから彼は、アピアランス（外見・外観）の重要さを指摘するのです。たとえば、人間を細かく分析すれば、すべて分子からできています。それをさらに分析すれば素粒子《そりゅうし》からできている。そして、素粒子と素粒子の間には何もない。ということは、ギリギリまで人間を分析すれば何もないことになってしまいます。

しかし、たとえば目の前に恋人の姿が見える。確かにそこに存在するのです。彼にとっては、恋人が素粒子からできているという事実より、恋人がそこに存在するというアピアランスこそが大切なのです。

歴史の見方もこれと同様であって、歴史的事実とは別に国史というものがある。

これは自分の恋人が素粒子とは別に「ある」のと同じです。

そういう見方をしますと、日本人が見る日本の歴史、たとえば日本は良い国である、美しい国であるといったときに、それを否定するような意見をいう人や国があるわけですが、そういう勢力に対抗するには、やはり無駄だと見える考証的な事実の研究が必要なのです。

そして、われわれが信じるに足《た》る滔々《とうとう》と流れる大河を形成していかなくてはならないのです。それによって、国というものがひとつの大きな形を持った存在として見えてくることになるのです。

無駄と思えるものに時間を使える国を文明国という

そして、文明国とは、セネカがいうような、無数のどうでもいいようなものに時間を使うことのできる国をいうのだと思います。

たとえば、動物や虫の標本の収集といったものは、インドやアフリカではやらないのではないでしょうか。しかし、文明国にはそれが好きで収集している人がおり、それが進化論につながっていったわけです。

あるいは、本の収集もアフリカではやりません。また、私が会員になっている世界古書学会も、アジアで入れるのは日本だけです。他のアジア諸国は古書に対する見方が国際レベルに達していないからです。

本草学《ほんぞうがく》という植物学も、日本では江戸時代に隆盛《りゅうせい》しています。先進国ではドイツでもフランスでも非常に早くから発展していますが、インドなどには全くありませんでした。

このように、一見つまらないようなものでも一所懸命やっているうちに、それが固まって文明になるのだと思うのです。

骨董《こっとう》でも切手の収集でも、おそらく文明国でなければしないでしょう。切手の収集も、見方を変えれば一種の文明史になり得るのです。文学史にしても、おそらく時代とともに変わっています。それを明らかにするために、つまらない俳句を一所懸命に調べたりするわけです。

そういうつまらないものの収集は、セネカの時代のローマでは発生していません。ただし、セネカが批判しているギリシア人にはその癖があったといっています。今から見ると、だからこそギリシアには今日も使えるような哲学がたくさん発生したともいえるのです。その意味では、セネカが否定したものが、実は文明の印だったといっていいかもしれません。

セネカは無用な仕事をすること、無用なものを集めたりすることを否定しましたが、文明国として、そういうことをやる人間がいるのは好ましいのではないかと私は思います。

その例として、淡島寒月《あわしまかんげつ》という人を挙げたいのです。幸田露伴《こうだろはん》が尊敬してやまないという人物です。

この淡島寒月は非常に面白い人で、幸田露伴や尾崎紅葉《おざきこうよう》に井原西鶴《いはらさいかく》を読むことを教えたのです。文学的に見ると、西鶴の文学的価値は淡島寒月が発見したといってもいいのです。

その当人の寒月は自由人で、趣味に生き、自分では何も創作しませんでした。これについて幸田露伴はこういっています。

「人に迷惑を掛《か》けないで、自分がおとなしく遊んでゐるのに越したことは無い、といふのはその欺《あざむ》かざる信向《しんこう》であった」

物を集め、絵を描き、衣を染め、土器を造り、作庭し、家を改造したり、何にでも手を出し、自分でやってみねば気がすまない。そんな寒月が、たった一つ、畳《たたみ》だけは、こしらえても別に面白くなかった、と露伴にもらした。(『書物の森の狩人』出久根達郎・著／角川書店・刊)

こういう無駄な仕事をする人がいるというのが、文明国の証《あかし》であるように思うのです。

賢人の教えに学ぶ者のみが本当に生きている

万人のうちで、英知に専念する者のみが暇のある人であり、このような者のみが生きていると言うべきである。

この言葉は、先ほどから挙げている過去を重視するというセネカの考えと関連して出てくるものです。ここでいう「英知に専念する者」とは過去の賢人・偉人のことであり、彼らに学ぶという意味が含まれてくるのです。

彼らはあらゆる時代を自己の時代に付け加える。彼ら以前に過ぎ去った年月は、ことごとく彼らに付加されている。われわれがひどい恩知らずでないかぎり、**かの聖なる見識を築いてくれた最もすぐれた人たちは、われわれのために生まれたのであり、われわれのために人生を用意してくれた人々である**ことを知るであろう。他人の苦労のおかげでわれわれは、闇の中から光の中へ掘り出された最も美しいものへと運ばれる。

先賢の智恵に学び、それを人生に活かすことこそが後に生まれてきた者の務めであるとセネカは考えているのです。そして、セネカの場合であれば、「かの聖なる見識を築いてくれた最もすぐれた人たち」としてソクラテスやエピクロスを考えるわけです。

われわれはいかなる時代からも締め出されることなく、あらゆる時代に入れてもらえる。またもし広い心をもって人間的な弱点の隘路《あいろ》を出て行きたいならば、**そこには自由に過ごすことのできる沢山の時間がある。**

書物を介《かい》して、われわれは自分が興味を抱いた時代へと好きに入っていけるし、そこには自分が抱えている問題を解くヒントがいくらでもある。すなわち、過去にさかのぼれば素晴らしい英知に満ちた本をいくらでも読むことができるというのです。

次の言葉にも、セネカのこの考えが表れています。

われわれはソクラテスと論じ合うこともでき、カルネアデスと懐疑《かいぎ》をともにすることもでき、エピクロスとともに安らぎを得ることもでき、ストア派の人々と共に人間性を打ち破ることもでき、またそれをキュニコス派の人々とともに乗り越えることもできる。自然がどんな時代とでも交わることを許してくれる以上、この短くも儚《はかな》く移り変わる時間から全霊を傾けて自分自身を引き離し、あの計り知れない、永遠な、またわれわれよりもすぐれた人々と共有する事柄に没入しないでよいであろうか。

ですから、セネカが「過去」といった場合は、「過去の賢人の教えを学ぶ」と解釈できるわけです。要するに、東洋の人間学の考え方と同じです。先賢に学ぶことの重要性を説いているのだと考えれば、彼の過去へのこだわりは十分納得できるでしょう。

これらの学匠《がくしょう》たち（アリストテレスやテオフラストスやゼノンやピュタゴラスやデモクリトス――引用者注）は誰ひとり留守をすることはないであろう。自分たちに近づく者を一層幸福にし、自分たちに一層愛着を覚えさせずには帰さないであろう。どんな者にも手ぶらで自分らのもとを去らせないであろう。夜であれ、また昼であれ、どんな人間にも会ってもらえるのである。

これらの学匠は誰ひとりとして君に死ぬことを強制しないが、誰もみな、死ぬことを教えてくれるであろう。誰ひとりとして君の年月を使い減らすことはなく、それどころか、かえって自分たちの年月を君に付け加えてくれるであろう。誰の言葉にも危険なところはなく、誰と親しく付き合っても死罪を受けることはなく、誰を敬っても銭のかかることはないであろう。……彼らのもとにおもむいて「子分」となった者には、何たる幸福が、また何たる美しい老後が待っていることか。

このように先哲に学ぶことの意義をセネカは諄々《じゅんじゅん》と語っています。見方を変えれば、この一文は最高の読書論になっていると私は思います。このセネカの言葉を超える読書論にはいまだかつてお目にかかったことがありません。

先賢の英知という財産を自分のものにする

セネカは、人間学でいうところの宿命と運命との違いのような話をしながら「先賢に学ぶ」ことをすすめています。次の箇所です。

どんな両親を引き当てようとも、それはわれわれの力でどうすることもできなかったことで、偶然によって人間に与えられたものである。とはいえ、**われわ**

れは自分の裁量で、誰の子にでも生まれることができる。そこには最もすぐれた天才たちの家庭が幾つかある。そのどれでも、君が養子に入れてもらいたい家庭を選ぶがよい。君は単に養家の名を継ぐばかりでなく、その財産をも、つまり汚なく、けちけちして守る必要のない財産をも継ぐであろう。この財産は多くの人に分け与えれば与えるほど、いよいよ増えていくであろう。

これは比喩です。生まれがどうであろうと、過去の賢者たちに接することは自由にできる。だから、自分の望む賢者を選んで、その賢者が残した書物を紐解《ひもと》けば、それによって英知という貴重な財産を受け継ぐ「養子」になることができるのだ、といっているわけです。過去の賢者がすべてを教えてくれるのです。だから、セネカにとっては過去が重要なのです。

賢者はこれを回想によって摑まえる。時は現在にあるのか。賢者はこれを活用する。時は未来にあるのか。賢者はこれを予知する。あらゆる時を一つに集めることによって、賢者の生命は永続せしめられる。

この過去、現在、未来の中でも一番重要なのは過去なのです。なぜならば、賢者はみんな死んでいるわけですから。

要するに、セネカは読書によって過去の偉人の教えを学べというのです。ゆえに、このあたりは究極の読書論だと思います。

「過去」に関するセネカの考え方は、シェイクスピアに非常に大きな影響を与えています。

シェイクスピアのソネットの第六十五番にこういうものがあります。

青銅も　大理石も　大臣も　はてしない大海も
おそろしい死滅の暴力には　屈するほかないとすれば
みじかい花のいのちにすぎない美は　どうして
理不尽なその暴虐《ぼうぎゃく》のふるまいに　抗議できるであろうか

難攻不落をほこる　岩と鉄との堅固《けんこ》な城門も
「時」の破壊力には　しょせん抵抗できないとすれば
日ごとに破滅の痛打を加える「時」の包囲攻撃に
どうして　かぐわしい夏の草木が耐えられようか

ああ　思えば恐ろしいことだ！「時」の貴重な宝石を
一体どこにかくせば　それを死の徴発《ちょうはつ》から守れるであろうか
どんな強い手が「時」の速い歩みを引きもどすことができようか
また誰が「時」のほしいままな美の掠奪《りゃくだつ》を制止できようか

まことに　せんすべはないのだ　愛する君が黒いインクのなかで
永遠に光りかがやくという奇蹟《きせき》が　あらわれぬかぎりは
（『シェイクスピア・ソネット集』中西信太郎・訳／英宝社・刊）

ここでシェイクスピアがいっている「黒いインク」とは本のことです。時は引き戻すことはできないけれど、黒いインクによって書かれた本の中には、永遠に光り輝く奇蹟があるというわけです。「英知によって永遠化されたものは、時を経ても害されることはない」のです。

ゆえにセネカは、賢者の本に学べ、というのです。

彼らは君に永遠への道を教えてくれ、誰もそこから引き下ろされない場所に君を持ち上げてくれるであろう。これは死滅すべき人生を引き延ばす、いな、それを不滅に転ずる唯一の方法である。……**英知によって永遠化されたものは、時を経ても害されることはない。いかなる時代もそれを滅ばさないであろうし、減らしもしないであろう。**

先賢の英知は永遠の生命を持つのだとセネカはいっているのです。

過去に残されているのは思い出だけではない

ところが、過去を忘れ現在を軽んじ未来を恐れる者たちの生涯は、きわめて短く、きわめて不安である。

この「過去を忘れ」というのは、ソクラテス以来の素晴らしい賢人たちの影響を学ばなかった人たちを指しています。

彼らは多忙の生活から見放されると、暇のなかに取り残されていらいらするうえ、その暇をどう使うか、どう延ばすかの方法を知らない……そこで彼らは何か別の多忙を求めんと努める。

谷沢先生はこの部分を取り上げて論じていますが、セネカのいう「過去」を賢人の英知を読書によって求めるというふうには捉えず、「思い出」として理解しています。

そう考えると、「過去を忘れ」とは「思い出したくない不愉快な事柄を、記憶の彼方《かなた》へ押しやる心理行為であろう」と読めるわけです。そして「これは世間一般にさほど珍しいことではない。たいていの人が忘れてしまいたい過去の重みを引きずっている」のだ、と。

その点で、谷沢先生は宮本武蔵《みやもとむさし》がいったという「われ事において後悔せず」というせりふの意味がよくわからないと述べています。

「後悔の念が寸毫《すんごう》も蟠《わだかま》っていない人は、およそこの世にありえないのではないかと思われる。

それゆえ過去を忘れず、という精神状態こそが普通《ノーマル》なのであって、もし過去を完全に忘れている人があるとすれば、それは何らかの意味で不自然《アブノーマル》であるのではなかろうか。

健全な通常の人間は、決して過去を忘れたりはしない。人生の青年期から壮年期にかけて、その間には必ずや喜怒哀楽に心が浮き沈みしたであろう」

こういって、「喜びも悲しみも幾歳月《いくとしつき》」（木下忠司・作詞）の一節「ともに過ごした　幾年月の　喜び悲しみ　目に浮かぶ」を引用しています。そして「齢を重ねた灯台守《とうだいもり》夫婦の生活は恐らく単調であったろう。始末に困る厄介なできごともなかったに違いない。それでも職務に忠実なこの夫婦には、思わず瞼《まぶた》に浮かぶ忘れ得ない思い出が積っている」というのです。

確かに、瞼に浮かぶのは過去の思い出でしょう。しかし、セネカのいう「過去」とは、思い出だけではないと私は思います。やはり、ソクラテス以来の英知を学ぶこと――それがセネカのいう「過去」の意味なのではないでしょうか。人間学によって己を磨く大切さを、セネカは「過去」という言葉に込めているのではないかと思うのです。

過去を学んで心の平安を得る——哲学生活のすすめ

セネカは現在歓喜の絶頂にある者であっても、それは不安定なものであり、いつまで続くかわからないという不安を引き起こすといいます。それに比べて過去は安定している、というわけです。

このことを彼は史実を例に説いています。

かの傲慢《ごうまん》きわまるペルシア王であったが、そのとき王は涙を流して、これら莫《ばく》大《だい》な数にのぼる若者たちも、誰ひとりとして百年の後まで生き残る者はないであろうと言った。

紀元前四八〇年、ペルシア王クセルクセスは百七十万といわれる大軍を率いてギリシアに侵入します。そのときに、上記の感想を漏《も》らしたのです。そして、この言葉どおりの結果になりました。クセルクセスの大軍は、ギリシア軍に攻められて全滅してしまうのです。「これら莫大な数にのぼる若者たち」は、ある者は戦闘中に死に、ある者は敗走中に死に、という具合で、百年どころかほんの数日、数か月のうちに、みんな死んでしまったのです。

人々の喜びさえも不安定であるのはなぜだろうか。彼らの喜びは確乎とした原因に依存していないばかりか、この喜びが生ずるのと同じように不確かな空しさに、不安にされるからである。

どんな喜びも幸福も不安定、不確かであるというわけです。そして、それを感じないでいられる道はない。だから哲学が必要なのです。ソクラテス以来の過去の偉大な教えを反省することで人間について学び、心の安定を得るしかないというわけです。

私の最も親しいパウリヌス君よ、君は自分を衆人《しゅうじん》から切り離すがよい。年齢不相応に今まであちこちへと追い回されていた君は、結局のところ、静かな港に帰るがよい。

これは書簡として書かれているので、その相手がパウリヌスということですが、茂手木氏の注釈によると、この人はローマの穀物管理を行う食料長官であって、セネカの妻の近親に当たる人物であったようです。セネカはその人に「引退して、哲学をやれ」とすすめているのです。

君の徳性が有閑《ゆうかん》の生活のなかで、どんなに振舞《ふるま》うかを試してみるがよい。君の生涯の大部分、少なくともその良き部分は、すでに国家のために捧げられた。君の時間の幾らかを、君自身のために使うのもよいではないか。とはいえ、私は君を怠惰な、あるいは退屈な平穏に招くのではない。

国家のためには十分に尽したではないか、これから先は、自分のために自分の時間を使うのもいいのではないかといって、セネカはパウリヌスを哲学に誘っています。

君はかの、より平穏な、より安全な、より偉大な仕事へ退くがよいのだ。君が現在心を労していることは、穀物が運搬人たちの不正か怠慢によって損害を受けずに倉庫に納められるようにとか、湿気を吸って変質したり蒸《む》れたりしないようにとか、枡目《ますめ》や目方《めかた》が合うようにとかである。君はそんな業務と、かの神聖にして崇高《すうこう》な問題を知ろうとして近づく仕事とを、果して同じものと考えるか。

この「神聖にして崇高な問題」とは何かといえば、「神はいかなる本質、いかなる快楽、いかなる状態、いかなる形体を有するか、いかなる出来事が君の魂を待ち構えているのか、肉体から解放されたわれわれを自然はどこに集めて置くのか、一体この世界の最も重いものをすべてその中心で支え、軽いものを上方に宙づりにし、その最上部に火を運び、星群をそれ特有の変化へ駆り立てるものは何であるか」といった問題であるとセネカはいっています。この世の中にはそうした「無限の神秘に満ちた諸問題がある」というのです。

そういう無限の神秘に満ちた問題について考えろ、とアドバイスをしているわけです。それは有意義な生活であるとセネカは強調しています。

この種の生活において君を待ち構えているのは、幾多の立派な仕事である。すなわち、徳の愛好と実践であり、情欲の忘却であり、生と死の認識であり、深い安静の生活である。

こうしたものを得ることができる、それこそが人生を有意義なものにするということであるのではないか、というわけです。

名誉を求めて貴重な時間を費やす生き方への疑問

多忙な人は惨めなものだとセネカは繰り返すのですが、最も惨めなのは自分の大切な時間を他人によってコントロールされている人だといいます。

誰彼を問わず、およそ多忙の人の状態は惨めであるが、なかんずく最も惨めな者といえば、自分自身の用事でもないことに苦労したり、他人の眠りに合わせて眠ったり、他人の歩調に合わせて歩き回ったり、何よりもいちばん自由であるべき愛と憎とを命令されて行なう者たちである。彼らが自分自身の人生のいかに短いかを知ろうと思うならば、自分だけの生活がいかに小さな部分でしかないかを考えさせるがよい。

このセネカの意見に呼応するように、谷沢先生は次のように述べます。

「自分自身にとってのみ有効で、喜びや楽しみをもたらす作業にだけ時間を費やすよう、合理的な自己限定を貫く意志力こそ肝要であり、人間の生活設定において何物にも増して貴重である」

谷沢先生自身、この考え方を生活の中に取り入れ、実践して、かなりの成功を収めているのです。

ところが、世の中にはよせばいいのにどうでもいい他人の問題に手を出して、自分が解決してやったという自惚れに陥り、自分を人間味のある親切な人柄であると思いこみたがる人間がいる。そういうのは自己顕示欲からくるお節介《せっかい》であるというのです。

「もともと自分が受けたい評判や賞讃《しょうさん》は、広い世間がおのずから与えてくれる賜《たま》物《もの》である。ところがたいていの人は自然が降りそそいでくれる尊敬をじっと待っている辛抱が足りない。どうしても自分にとって必要でないのに世間に向かって口出ししたり、ひとびとの集りのなかへ飛び込んで、自分という存在を少しでも際立たせようとする」

名誉を求める人の中には、こういう人も確かにいるでしょう。本来、名誉などは自然に来るのを待つより仕方がないようなものですが、その時間を待つことができない。だから、自分から表に出て行って、結果としてばたばたとせわしなく振る舞う始末になってしまうというわけです。

セネカはそういう振る舞いを惨めなものであると考えたのでしょう。そういうことに貴重な時間を費やして後悔しないのだろうか、と。

それゆえに、大官服をすでに何度も着た人を見ても、大広場で名声を高めている人を見ても、そんなとき君は羨《うらや》んではいけない。高官や名声は、人生を犠牲にして獲得されるのだ。任期の僅《わず》か一年を自分の名前で数えてもらいたいばかりに、彼らは自己の全歳月を空費するであろう。

そうした者の中には、「自分は今まで墓碑銘《ぼひめい》のために苦労してきたのか」という惨めな思いに襲われたものもあるとセネカは書いています。

政治家としての実行力を評価したい高橋是清

ローマでは大官服を着る者の任期は一年と短かったため、そんなものを争って何になるんだ、というセネカの見方は通用すると思います。ところが、現在はアメリカの大統領でも任期は四年ありますし、勤めを終えてからも一生、恩給みたいなものがつきます。それは求める価値のある地位だといえるかもしれません。少なくとも、そう考える人がいても不思議ではありません。

日本の代議士も、なぜに苦労してまでやりたいかと私などは思いますが、彼らにとって政治は一つの生きがいなのでしょう。一方で、人のためになりたいという主旨はよしとしても、そのためにあれほど右往左往する生き方は嫌だという人が大部分だから、立候補する人も少ないのでしょう。これについては、ああいう人たちがいなければ困るという見方もできますし、ああいうせわしない生き方は嫌だというのも一つの良識といっていいでしょう。

また、孔子がいったように、国がいいときには政治家や高官になって活躍したいというのは構わないけれど、国に道がないときに出世を求めるのはいいものではない。北朝鮮のような国で出世したがるのは愚かである、という見方もありえます。ただ発達した民主主義国では話は別で、一応、国には道がある状況だと考えるべきでしょう。だから、政治家や官僚たちを冷笑するのもよくないのではないかと思うのです。

谷沢先生は、この「大官服をすでに何度も着た人」の例として高橋是清《たかはしこれきよ》を挙げています。

有竹修二《ありたけしゅうじ》という人が書いた『昭和財政家論』という本には「昭和年間は多士済々《たしせいせい》、大蔵大臣を五回つとめた高橋是清に替《かわ》って、十分につとめうる人材があった」とあり、「高橋はもちろん有能ではあったが、老齢を言い立てて辞退する謙虚の思念なく、ただもう腕に覚えありと出盧《しゅつろ》し、後進に道を譲る気が全くなかった」と書いてあるそうです。これについて谷沢先生は「見栄《みえ》も体裁もない大官服の争奪戦が演じられた」と論じています。そして、高橋是清を指して、どれほど名誉を得た人でもなお「熾烈《しれつ》な猟官欲《りょうかん》が潜《ひそ》んでいる」というのです。

しかし、これには私は異論を唱えたいのです。

高橋是清は何度も後進に道を譲るチャンスがあったとはいいますが、昭和の不況を止めたのは彼であることは明白な事実です。また、彼が二・二六事件で殺されなかったら、大東亜戦争も回避できたのではないかと私は思っています。

是清は日露戦争の戦費をユダヤの財閥から引き出すことに成功していますから、ユダヤときわめて太いパイプを持っていたはずです。だから石油問題でアメリカが日本に圧力をかけてきたときに、それを止めるだけのユダヤとのパイプもありえたのではないか、と推測するのです。そして、石油を止められなければ日本は戦争をする必要はなかったはずです。

その証拠に、私が中学に入ったのは昭和十八年で戦争が始まって二年目でしたが、英語の教科書は昔のままで、表紙に「キングズ・クラウン・リーダーズ」というイギリスの王冠がついたものを使っていました。教科書が変わったのは、昭和十九年になってからでした。

これが何を意味するかというと、日本政府が戦争に入る準備を全くしていなかったということです。だから、戦争が始まって二年たっても、教科書を変えるための手を打てなかったのです。

そのくらい、あの戦争はいきなり始まったのです。その原因は、石油を止められたことです。石油が止まってしまうと、飛行機は飛べない、軍艦は動かない。もう座して死を待つより他なかったのです。だから、石油があるうちに状況を打開したかった。それにはアメリカと戦争をするしかなかったわけです。

石油が止められたのには、日本の責任ももちろんあります。アメリカから文句をいわれる口実があったかもしれません。それを回避する力があったのは、ユダヤの石油財閥と話のできた高橋是清だったはずです。

その点で、彼は最も有用な政治家であったのではないかと思います。ですから、谷沢先生が「大官服をすでに何度も着た人」の例として高橋是清を出すのはちょっと不適当のような気がします。

しかし、谷沢先生の思い出を語るならば、ここで高橋是清を出してくるのもわからなくもないのです。先生は世間一般とちょっと違うことをいっている人がいたらすぐに取り上げたがりました。そのうえ、非常に異説が好きでした。

「聖徳太子がいなかった」なんていう説を聞くと嬉々《きき》としてしまうような方でした。ですから、世間に評価の高い高橋是清を珍しくくさす意見を見て早速取り上げたのでしょう。

なぜいくつになっても地位に固執する人がいるのか

ところが、あくまでも名誉に固執する政治家や役人というものもいます。その例として、セネカはセクストゥス・トゥランニウスという皇帝の執事を務めていた人物を取り上げています。

私は、今ふと心に浮んだ一つの例を見過ごすことはできない。セクストゥス・

トゥランニウスは、このうえもなく勤勉な老人であった。この老人が九十歳を過ぎて、ガイウス帝から一方的に執事職の罷免《ひめん》を受けたとき、命じて自分を寝台に寝かせて、それを取り囲んだ家族から、あたかも死人へのように泣き悲しませた。家人たちは、老主人の暇を歎き、老人の職が元に復されるまで悲しむことを止めなかった。多忙の身で死ぬことが、これほどまでも嬉しいことであろうか。大概の人も、気持は同じである。人々は勤務を求める欲望のほうを、それに堪える能力以上に長く持ち続ける。

これは極端な例ですが、執事職を罷免されたからといって、主人が家族に命じておいおい泣かせるというのは日本人には信じがたいことです。

もしも日本でこれを当てはめようとすれば、ある銀行で頭取を辞めたら会長になって、会長を辞めたら名誉会長になって、名誉会長を辞めたら最高顧問になって、さらに名誉最高顧問になってというように、なかなか辞めようとしない人の例がありました。笑い話のような話ですが、そこまで地位に執着する人もいないわけではありません。

このセクストゥス・トゥランニウスの場合は、家族に泣く芝居をさせた結果、九十歳の老人が元の職へ復されたというのですからおかしいのですが、セネカは「肩書きを付けて死ぬことがそんなに嬉しいのだろうか」とあきれています。

谷沢先生はこれについて二つの理由が考えられるといっています。

「その第一、老人は他に何もすることがないのだ。自分が心から為し遂げたいと願う命題《ライフワーク》を持っている人は少ない。老年は常に空しく、為すべき事が無く退屈である。第二、人間は年齢がいくつになっても、色気と名誉欲とは消えてなくなりはしないと言い伝えられる。……名誉欲こそ生きている限り燃え盛る炎である。九十余歳の老人は名誉ある執事職を死ぬまで手放したくないのであろう。セネカは心さわやかな性格であるゆえに、なにかにつけて欲に狂う人間の俗情《ぞくじょう》を理解できないのであろう」

確かに、こういう老人を見るセネカの視線は「容赦《ようしゃ》なく辛辣《しんらつ》」です。「役職の争奪戦がセネカには、長屋の住人が繰り返すじたばたの騒動に見えるらしい」と谷沢先生はいわれていますが、瞑想を第一とするセネカですから、九十にもなってなお役職を求めるような人間は滑稽《こっけい》にしか見えなかったことでしょう。

逆にいえば、そういうところにしか生きがいを見出せない人間も現実にいるのです。地位を手にした人間の引き際というのは、かくも難しいものなのです。これを反面教師として学ぶこともできるのではないでしょうか。

◉第七章◉

悔いなき死を迎えるために

死というものの捉え方は宗教によって異なる

生を考えるとは死を考えることでもあります。悔いなき死を迎えるためには、悔いなき生を生きなければならないのです。

ところで、この死というものについてのセネカの捉え方は日本人とはずいぶん異なっていると谷沢先生は指摘しています。まずセネカはこういいます。

死すべき人間の何かの脆《もろ》さに気付くに及んで、彼らはどんなにか恐れおののきながら死んでいくことであろうか。それは人生から出ていくといったふうではなく、人生から引きずり出されるといったふうである。

これは死に近づいた多くの西洋人が抱くところの思いなのでしょうか。谷沢先生は、このような死に対する恐れはキリスト教やイスラム教などの一神教の立場に基づいていると指摘しています。一神教は人々を「病老死を楯《たて》にとって脅迫《きょうはく》する」。しかし日本の仏教は違っていて、その最大の特徴は「僧が死の恐怖をふりかざして国民を脅迫しないことである」というわけです。こういう穏やかな態度の宗教は世界のどこにも見られない、と先生は述べています。

そして、この日本の仏教の特徴を説明するために司馬遼太郎《しばりょうたろう》の『尻啖え孫市《しりくらえまごいち》』にある話を引用しています。わかりやすい話なので、ここでも引用してみることにしましょう。

『尻啖え孫市』は日本の戦国時代の話ですが、「救いとはどういうことだ」と、主人公の雑賀《さいが》孫市が針仕事をしている小みちという女性に聞くのです。それに対して小みちはこう答えます。

「人のいのちは、短うございましょう？　そのみじかいいのちを、永遠な時間のなかに繰り入れてくださることでございます」

「念仏（南無阿弥陀仏《なむあみだぶつ》）すれば、か」

「いいえ、お念仏をとなえようと、唱えまいと、繰り入れてくださいます。それが、極楽へ参れる、という境地でございます」

戦国時代には、拝もうと拝むまいと関係なく極楽に入れてくれるという宗教があったようです。法然《ほうねん》、親鸞《しんらん》、一遍《いっぺん》らによって形成された日本仏教というのは、そういう特徴を備えていたものだったのです。

谷沢先生の考えによれば、「幸いにして日本民族は昔からそれほど死を恐れない。……日本人の場合は慣用語句として、帰するが如くと簡単に平然と評して見送る。人間はどこからかこの世に現われたのであり、命数《めいすう》が尽きれば元の所へ帰るのだという考え方が平均的なのである」と。

そういう考え方だから、日本人には、死というものをセネカのいうように「人生から引きずり出される」恐ろしいものと感じないのだというわけです。もちろん、死を恐怖に感じる人も昔からいたでしょうが、一般論としていえば、平均的な日本人は死を「元の所へ帰る」というように考えるような意識を身につけてきたことは確かです。

幸田露伴が教える「逆順入仙」という考え方

蔣介石《しょうかいせき》だったか、孫文だったか忘れましたが、日本人はなんと恐るべき国民であろうか、といったことがありました。なぜかというと、戦争に行くときに「戦死して帰ってくることを祈る」というではないか、こんな国はないだろう、というわけです。

シナ兵はそれを知っていたから、どんなに日本兵が少数でも、最後の腹を決めて突貫《とっかん》してくると逃げ出してしまったのです。死を覚悟して向かってくる兵隊ほど恐ろしいものはありません。死にたくないと思っている者にとっては、恐怖以外の何ものでもないでしょう。

ある意味、日本人は死ぬということに関して、世界中のどの国民とも違う感覚を持っていたのかもしれません。セネカとは別のプロセスで、死に対する恐怖を乗り越えたような人たちがいたのです。切腹にしても、特攻隊にしても、その一端をよく表わしているといっていいかもしれません。

幸田露伴が道教について述べた言葉で、私が非常に好きで字にも書く言葉があります。それは「順に逆らえば仙に入る」（逆順入仙）という言葉です。人間は順々に年を取っていくものですが、それでも修養を続けていれば仙人のような生き方もできるというわけです。

この「仙」という字は、同じ発音の「遷」につながります。すなわち、死ぬというよりは、もっと結構な場所に遷《うつ》っていくという感じになるのだと露伴はいっています。

日本の場合は、わりと素朴な信仰では、死んだらご先祖様のところに行くと考える人が昔は多かったのではないでしょうか。今はいろいろな宗教が入ってきていますから、そういう意識も変わってきているかもしれませんが、死というものを「もとの場所に帰る」と考える思想は、今もなお多くの日本人の深層に記憶されているように思えます。

よりよい死を迎えるためになすべきこと

次の言葉には、セネカが人生というものをどのように捉えているかが端的に示されています。

人々が争奪《そうだつ》を繰り返している間は、また相互に平穏を破り合っている間は、また、代わる代わる不幸にし合っている間は、人生には何の実りもなく、楽しみもなく、心の進歩も何一つない。

みんな偉くなりたがって喧嘩ばかりしている。そんな人生には実りも楽しみもないし、心の進歩もないとセネカはいうのです。これを逆にいえば、心の進歩こそ人生の目的であるが、人間は相互にそれをさまたげるようなことばかりしているじゃないか、そんな人生にどんな意味があるのか、というわけです。だから、瞑想によって自己を振り返って、無駄ばかりして時間を浪費していることに気づかなければいけない、というのがセネカの主張なのでしょう。

この言葉は谷沢先生も気に入っていたようで、「この章句は『道徳論集』屈指《くっし》の警醒啓蒙《けいせいけいもう》である。記憶しておいて損はない」といっています。

また上記に続く箇所で、セネカは葬式についての考えを述べています。

誰ひとりとして近くに死を見つめる者はないが、誰ひとりとして遠くに望みをかけない者はない。事実或る連中のごときは、人生を終えた先の段取りまでも決めている——墓場の大きな築き石やら、公共事業への寄付やら、火葬場の供え物やら、豪華な葬列やらを。しかし誓って言うが、このような御仁《ごじん》の葬式は、ごく短命に終わった場合のように、松明《たいまつ》とろうそくの明りをともして行なうべきである。

セネカは生きているうちに墓の段取りまですることの愚かさを笑っていますが、これについて谷沢先生は、司馬遼太郎さんが「自分の葬式を無用だと考えていた」という話をしています。それは司馬さんから谷沢先生に宛てられた原稿用紙五枚の書簡の中に書かれていることだそうです。

そこには、谷沢先生の友人である開高健《かいこうたけし》が死んだとき、悪妻と言われた牧羊子《まきようこ》が墓を作ったことについての司馬さんの批判が書いてあるというのです。それが次のものです。

「もともと鎌倉の何寺にハカをつくったというあたりからへんだと思っていました。ソーシキがいやで死ぬのは当分よしているような気でいるのです。ましてハカをつくる気もありません。ソーシキもハカも俗《ぞく》の俗なるもので、作家開高もそんなことを願うか、と思ったりしたのです。以上」

開高健の墓の話を聞いて司馬遼太郎さんがこういう手紙を谷沢先生にくれたわけです。だから司馬さんの意志は明瞭《めいりょう》なのに、司馬さんが死んでみたら、「司馬さんの意志を継承していくために」、というような意地汚い文章がまかれて、金を集めて財団みたいなものを作って、というような動きが出てきたことを谷沢先生はきわめて不愉快に思っておられました。

ただ、大きな墓を作る必要などはないと思うのですが、私の体験からいうと墓というものは子供の教育のためには実にいいものです。

私の家では私が長男ですから、結局、墓を受け継がなければなりませんでした。しかし、田舎の墓にいちいち参拝に行っているわけにもいかないので、東京に移しました。そして、しょっちゅう行くわけではないのですが、元日くらいは行こうということで、朝早く、まだ道が混む前の四時、五時頃に子供たちに「お墓参りに行くぞ」と号令をかけて出かけるのです。そういうと、誰も文句をいわないで起きてきて喜んで行きます。

こうしたことは先祖供養《くよう》となるばかりでなく、自らのルーツを再確認するいい機会になります。はやりの言葉でいうならば、家族の「絆」を深める機会になると思うのです。

死ぬことに対して悟りを開く

ともあれ人間として生まれてきた以上、いつか必ず死ぬのです。それを「人生から引きずり出される」として恐怖する人もいれば、「元に帰るだけ」と考える人もいるわけですが、死が近づいたときに慌てふためくことのないようにしたいと思います。そのためには、死ぬことに対して悟りを開くことが何よりも重要です。

これについては、吉田松陰の言葉が参考になります。これは昭和十六年七月一日発行の『キング』に引用された言葉ですが、私はそれを子供の頃に読んで非常に感激して今でも覚えています。

「死生の悟りが開けぬと云《い》ふは、餘《あま》り至愚《しぐ》ゆゑ、詳《つまびらか》に云はん。十七八の死が惜しければ、三十の死も惜し。八九十、百になりても是《これ》で足りたといふことなし。何年ほど生きれば、氣が濟《す》むことか。浦島、武内も今は死人なり。たゞ、伯夷《はくい》の如き人は、周《しゅう》より漢《かん》、唐《とう》、宋《そう》、明《みん》を經《へ》、清《しん》に至りて未だ滅せず。若《も》し當時《とうじ》太公望《たいこうぼう》の恩に感じて西山《せいざん》に餓死せずば、百まで死すとも短命と云ふべし。人間は何か腹のいえるやうな事を遣《や》つて死なねば成佛《じょうぶつ》は出來《でき》ぬぞ」

何歳まで生きたかが問題なのではない、どのように生きて死んでいったかが問題なのだ、というわけです。

吉田松陰が例に挙げている伯夷は殷末《いんまつ》の孤竹国《こちくこく》の王子で、周の武王の粟《ぞく》は食わないといって弟の叔斉《しゅくせい》とともに首陽山《しゅようざん》に隠れ、蕨《わらび》を食べて命をつないでいましたが、最後には餓死したことで知られています。彼は太公望に恩を感じて死んだわけですが、その死に方が見事であったため、彼自身は短命であったかもしれないけれど、その名は今もなお残っているではないかと松陰はいっているのです。

こういう死に方は、セネカが教えている清廉《せいれん》とは違いますが、先人の例を見て自分の死に方を決めるという意味では一つの参考になるかもしれません。

理想の老いとはどういうものか

次の言葉は「人生の短さについて」ではなく、「老年と死について」という一文の中にあります。この「老年と死について」という文はセネカの『道徳書簡集』の中に収められています。セネカが六十五歳の頃に書いた手紙ですが、その中で、セネカはこういうことをいっています。

僕は心には年齢の害を感じません――もっとも、体にはそれを感じますが。ただ老いぼれたのは僕の欠点と、それらの欠点を助長するものだけです。**心は元気でいて、体とは大した関係のないことを喜んでいます。**

体は枯《か》れても心は枯れない。これは老人にとって一つの励みになる言葉です。どんな人でも、年を取れば肉体の衰えは感じます。しかし精神は衰えない、とセネカはいうのです。これは本当です。私自身、年を取ったからといって鬱病になるわけでもありませんし、勉強する時間が短くなったということもありません。著述の時間も、とくに短くなければならないということもない。体のほうは確かに年を取ったと自覚していますが、精神は全くそうではありません。

私は上智大学で教えていた若い頃、駅から大学へと向かう階段を二段跳びならぬ三段跳びで駆け上がっていました。大学のある四谷という土地は、低いところに国電（現ＪＲ）が走っていて、〝四谷階段〟といわれるくらい階段が多い場所なのです。その階段を片手に鞄《かばん》をぶらさげて三段跳びで上がっていったものです。今はそんなことはできません。おいっちに、おいっちに、と手すりに摑まって上がらなくてはなりません。これが肉体の老化というものです。

しかし、精神、あるいは頭のほうは違います。私は英語が本職ですが、英語を読むスピードや、英語で書かれた難解な本を理解する力は若い頃より遥かに勝っています。これはセネカがいっているように、肉体の衰えは避けがたいが精神のほうは変わらないことの一つの証明となるでしょう。さらにいえば、精神は年を重ねるにつれてむしろ向上しうるといっていいように思います。

老年は心の花盛りだと心は言っています。その言を信じましょう。そして、その美点を享受しましょう。心は僕に一考することを命じ、僕がこの精神の静けさと性格の穏やかさのどれだけを英知に、どれだけを老年に負っているかに眼を開くことを命じます。

年を取ってみたら智恵が増したように思える、とセネカはいうのです。心が静かになり、性格も穏やかになった。これは老年に負うところが多いといっているのです。

それから老年の心得として、セネカは次のようにいいます。

さらに心は僕に注意深く検査することを命じます——僕が何をすることが出来ないか、何をすることを望まないかを。そして僕は、**自分が喜ぶことの出来ないことは、すべて望まないような態度をとることにします。**

これはある意味で、『論語』にある孔子の言葉「心の欲する所に従って矩《のり》を踰《こ》えず」（為政《いせい》第二）を別の表現でいったものと考えてもいいでしょう。年を取ったら、自分の望むこと、できることを喜んでやればいいというのです。これは老人の心境としては一つの理想像ともいえるのではないでしょうか。

生涯現役のまま死んでいくという生き方もある

再び「人生の短さについて」の中のセネカの言葉に戻りましょう。

諸君は永久に生きられるかのように生きている。諸君の弱さが諸君の念頭に浮ぶことは決してない。すでにどれほどの時間が過ぎ去っているかに諸君は注意しない。充ち溢れる湯水でも使うように諸君は時間を浪費している。ところがその間に、諸君が誰かか何かに与えている一日は、諸君の最後の日になるかもしれないのだ。諸君は今にも死ぬかのようにすべてを恐怖するが、いつまでも死なないかのようにすべてを熱望する。

これは老年を迎えたときに、かなり重要な問題になります。たとえば、私の周囲にいる人は学者が多いのですが、定年退職したあたりから本を古本屋に売ってしまって、身のまわりの整理をし始める人がいます。古本屋というのは、本の価値を知っている人のほうから高く買います。だから学者は、自分が死んだあとに売っても安く買い叩かれてしまうだろうと考えて、生きているうちに売ってしまおうとするわけです。

あるいは、何も欲しないような淡々とした生活に入る人もたくさんいます。それは立派な生き方だと思います。セネカの唱えるオティウム的な生き方にも沿っているといえるでしょう。しかし、私自身は、あえてセネカが否定する「永久に生きられるかのように生きる」ことを実践しようと思っているのです。

つまり、生きているうちに死んだあとのことを考えるのではなく、死ぬまでは生きられるように生きて、そのときが来たらぱたっと死ぬ。それでいいと思っています。本なども、机の上や床の上に積み上げたまま死んだとしても、一向に構わないと思っているのです。どちらがいいかは私が決めることではありませんが、私は整理しないで死ぬほうを選びたいのです。

私の理想とするのは、カール・ヒルティのように、何も整理しないまま、最後まで現役のまま死んでいくことです。

ヒルティは十九世紀のスイスの人ですが、当時で八十近くまで生きました。平均寿命を考慮すれば、今日に当てはめれば百歳近くまで生きたと考えていいでしょう。彼はいつものように朝起きて、いつもどおりに一仕事して、朝食の前に娘と一緒にジュネーブ湖のほとりを散歩して家に戻りました。そして「ちょっとくたびれたから、ミルクを温めて持ってきてくれ」と娘に告げて書斎に入り、ソファに腰かけました。そして娘がミルクを温めて部屋に運んでいったときには、もう静かに亡くなっていたのです。机の上には、その朝書いた原稿が残っていました。

整理はあとに残った人に託してもいいわけです。そして自分は完全燃焼して死ぬ。私はそういう生き方を望んでいます。

生前にすべてを片付けてから死のうとは思いません。本の上で、うつぶせになって死ぬのが一番いいと思っているのです。
ただその場合でも、死んだあとに突如として借金が出てきて、あるいは税務署がやってきて、住んでいる家から後に残された家内が追い出されるというようなことだけは絶対にしてはいけない。それが私の死に関する哲学なのです。

死はすべてを明らかにする

死について、「老年と死について」の中でセネカはこういっています。

自然が力をゆるめるに応じて、人が自己の終わりへと次第に消えていくこと、これ以上に良いことが果たしてありましょうか。死の一撃とか、不意に生を離別するとか、そういうことが何か辛いことだというのではなく、このほうの道、つまり秘かに去っていくことが平穏だからです。とにかく僕としては、その実験が近付いて、わが全生涯について見解を示すべきその日が来ているかのように、僕自身をよく観察し、それに向かって話しかけます。

老齢というのは、生から秘かに去っていく道だというのです。それを実際に示す日が来ているような気がするといって、セネカは老年を迎えているのです。

そして、最後の日が来たらどうするか。

その日には僕は見栄も外聞も捨てて自分について判断することになるでしょう——つまり僕は勇気のあることを口先だけで言っているのか、それとも実際にそれを感じているのか、あるいは僕が運命に向って叩き付けた頑固な言葉は、どれもみな見せかけで、笑い草であったのかどうかを。

自分が死について口にしてきた考えを自分で試すことになる、というのです。実際、セネカは口先だけではなく、それを見事に実践しました。先にも述べたように、それを実証する証言者がいるのです。

私の死を迎える心得としては、前にいいましたが、ヒルティみたいに平静な気持ちで仕事をしながら死んでいきたいと思っています。それがいずれの日に実行できるのかどうか、自分で見て確かめるわけにはいかないのですが、それを目指していきたいと思っています。

死が君について判断を下すでしょう。……最も臆病《おくびょう》な人間の言うことでも勇ましいものです。**かつて君が行なったことは、君が最後の息を引き取るときにはっきりするでしょう。**僕はその条件を受け入れます。

死を迎えるときに、それまでに自分が行ってきたことがどうであったか、すべてわかるというのです。これは、われわれにも当てはまることでしょう。われわれは「どういう死に方をしたい」とあれこれいいますが、実際それができるかどうかはわかりません。ただし、理想の死に方を実現するつもりであると思い続けることは、その実現に対して一歩一歩近づくことになるのではなかろうかと思います。

死を学ぶことは悔いなき人生を生きること

死というものを学ぶ必要があるとセネカはいいます。

死を十分に学ぶことは素晴らしいことだということです。たった一度だけしか使われないことを学ぶなどは、恐らく君も余計なことと思うでしょう。**われわれが反省しなければならないことこそ、学ぶべきことです。本当に知っているかどうかを体験できないことは常に学ばねばなりません。**

確かに死ぬということは一回しかないことですし、死んでしまえば消えてしまうわけですから、何が正しいかは自分ではわかりません。そう考えれば、死を学ぶことにどんな意味があるだろうかと思うかもしれません。しかしセネカは、本当に知っているかどうか体験できないからこそ、常に学ばなければならないというのです。

これは逆説的な言い方です。たった一回しかないことを学んでも仕方がないじゃないか、ともいえますが、セネカはだからこそ常に心の中で学び続けていなければならない、といっているのです。

このセネカの考え方は、宮本武蔵とか、あるいは第二次大戦中の帝国海軍の戦闘機パイロット、撃墜王《げきついおう》として名高い坂井三郎《さかいさぶろう》の気持ちと似ているように思います。というのは、彼らほど死ぬことは一回しかないということを強烈に実感した人たちはいないからです。

宮本武蔵が剣の試合をするというのは、負けたら必ず死ぬことを意味しています。敗者復活はありません。相討ちであっても自分が死んでしまう。だから、引き分けもないのです。武蔵は「一回しかない」ということを常に眼前に浮かべて最後まで生き切ったわけです。

その武蔵は、最後まで生き切った人間の集大成として『五輪書《ごりんのしょ》』を残しました。それを読むと、彼が人間は一回しか実験できないのだということを常にひしひしと感じて六十数年を生きてきたことがわかります。

ただ、『五輪書』は剣道の極意みたいな書物ですから、あの時代の剣道を知らない私には何をいおうとしているのかわからない部分が多々あります。ところが、坂井三郎の空戦記録を読むと、武蔵が感じたであろう生と死というものへの意識がわかるように思うのです。坂井さんは二百回以上出撃して、六十数機の敵機を撃墜したといわれています。しかも、彼自身はもちろん、引き連れていた部下の飛行機まで一機も落とされずに、常に帰ってきました。天才といってもいい、すごい戦闘機乗りです。

その坂井さんの書いた『坂井三郎空戦記録』や『大空のサムライ』といった書物を読むと、坂井さんの日々の心がけは、ある意味、宮本武蔵の剣の修行に通じるものがあるように思えます。

たとえば、自分が敵から先に発見されることは死ぬことを意味するといって、坂井さんは常に目を鍛えています。よく晴れた日の昼間にひっくり返って空を見て、星が見えるようになるまで目を鍛える。だから彼は、二百回出撃して、一度も敵から先に発見されたことはなかったそうです。それが生き残る道の一つになっているのです。この「目を鍛える」ということは、宮本武蔵も非常に重んじています。

また、坂井さんは「体調が悪いときは無理をするな」といっています。病気で休んだ人が治ると勇んで飛行機に乗っていくけれど、大抵、撃ち落とされてしまうというのです。そうした実例を踏まえて、体が治った直後はまだどこか弱っているから、そういうときは無理をするな、というわけです。戦闘機乗りには敗者復活はないのだから、絶対に無理をしてはいけないのです。

それから、空中戦だと周囲に何も物がないため、距離感が非常に掴みにくいそうです。敵機が五十メートルくらい先にいると思って撃っても、実際は五百メートルくらい離れているから弾が当たらない。そこで坂井さんは、飛行場にいるとき、何メートルくらい離れたら飛行機の形がどのように見えるかを常に意識し、それを覚え込みました。そうすると、実際の空中戦で誤射《ごしゃ》が少なくなるというわけです。

セネカのいうように、死というものはたった一回しか味わえない。だからこそ、絶えず学び続けていなくてはならないというパラドックスがあるのです。敗者復活ができるなら、負けてから反省しても遅くはないのですが、死に関しては、死んでからでは反省できません。だから、死に備えて絶えず工夫することが重要になってくるのです。

宮本武蔵にしても坂井三郎にしても特別危機的な状況にいるわけですが、死ぬことは一回しかできないというのはセネカのような哲学者も同じですし、われわれも同じです。

死から甦《よみがえ》ることはできないと考えれば、宮本武蔵が試合に備えたごとく、坂井三郎が空中戦に備えたごとく、死を見据えて常に反省をし、悔いなきようにしなくてはならないのです。それが人生を、今ある命を、生き生きと生きることにもつながるのです。

長生きすると静かに死を迎える心境に至る

死には敗者復活がきかないというのは深刻な哲学的問題です。人間、誰もがなんらかの形で考えておくべき問題です。いい加減に生きていて、死が近づいたときに慌てて大騒ぎするのはみっともないぞ、とセネカはいっているのでしょう。

死ぬことを学んだ者は、奴隷根性を忘れた者です。彼はすべての権力の上部に、少なくとも外部にいます。彼にとっては牢獄《ろうごく》が、監視が、また閂《かんぬき》が何でしょう。彼は自由の出口をもっています。

死についての悟りを持った人は、いかなることも恐れることはなくなる、といっています。逆にいえば、何ものも恐れないようになるまで、死について考え抜かなければいけないというのです。

われわれを繋《つな》ぎ止めている鎖《くさり》はただ一つしかありません。生への愛着です。なるほど、その愛着は投げ捨てられませんが、しかし擦り減らさねばなりません。

生への愛着を投げ捨てれば何ものも恐れることはなくなるのだ、ということでしょう。それを「擦り減らす」とセネカは表現しているのです。

生への愛着を擦り減らすというと、私は禅宗をはじめとするいろいろな宗教の修行を思い起こします。修行というものは、死ぬことの恐れを擦り減らす努力のプロセスだと思います。しかし、それは非常に難しいことです。

私はたまたま尊敬する先輩たちのおかげで、悟りまではいきませんが、一つの洞察を得たことを感謝したいと思うのです。

中川秀恭《なかがわひでやす》先生という方がおられます。中川先生は哲学者であり、日本プロテスタントのリーダーでもあって、ＩＣＵ（国際基督《キリスト》教大学）の学長まで務められた方です。その中川先生と私は先生が百歳の頃にお会いしたのですが、そのとき先生がおっしゃった中で一番印象深かったのは、「もうこの年になると死んで神の側に行くというようなことは考える必要もないと思うよ。虚空《こくう》に消えていくのでいいんじゃないか」という言葉でした。

この言葉を聞いたとき、真の哲学者の悟りのように感じました。どうしてそういう心境に至ったのかと考えるのですが、中川先生の場合は、一つには宗教もあったのでしょうが、それ以上に長生きをされたことが大きな理由だと思うのです。

たとえば、こういう話があります。

昔はお医者さんが死に至る病気にかかっている患者にはそれを伝えない、ということが普通でした。ある禅宗のお坊さんが「自分は禅の修行をしているから何をいわれても平気だ。だから、率直にいってくれ」と医者にいいました。それで医者は、「あなたの余命は残り三か月です」と告げました。すると、お坊さんはガックリしてしまって、三か月もたずに死んでしまったというのです。

この話を私は上智大学のロゲンドルフ先生からうかがいました。そのときは、悟ったといっても、いざ死が自分の目の前に来ると慌てるものなのだな、と普通に感じただけでした。ところが、本当に修行を積んだ人であるとか、キリスト教の本当の信仰に至った人であれば、死が恐ろしくなくなる人もいるのではないかと、のちに気づきました。

一所懸命修行をするという一つの目的は、宗教の場合は死の恐れを抑えるということが究極なのです。セネカの場合は哲学ですが、ストア哲学でも、神のことを考えたり、昔の友人のことを考えたり、いろいろなことを考えながら内省に内省を重ねます。その究極の目的は何かといえば、死を静かに受け入れる心境になるということなのです。

事実、セネカは哲学によってそこに到達したことを証明してから死にました。また、多くの殉教者、多くの高僧も、その心境に達して亡くなられたようです。そうした例を見ますと、多くの修行の目的が死に対するものであったことがよくわかります。

それとともに、中川先生のことを考えると、九十五歳くらいを超えると生に対する執着がなくなるようです。つまり、死を恐れなくなり、じたばたせずに静かに死を迎えるような心境になるらしいのです。

これは凡人《ぼんじん》であっても変わらないように思えます。有名無名を問わず、私はいろいろな高齢の方とお会いしていますが、普通の場合は、九十になったくらいではまだ執着はなくならないようですが、九十五を超えて百くらいになると、やはり一種の悟りの境地に至るようです。

死を恐れないような修行をする人は、人間として素晴らしいと思います。ただ、修行でそこまで到達するのは簡単なことではありません。そこで、もう一つの道として、長生きをするという方法があると思うのです。

長生きすれば死を恐れなくなるということは確かだと思います。セネカは七十歳で平然として死にましたが、平均寿命を考えれば、あの時代の七十歳は今であれば百歳に近い高齢といっていいでしょう。それも、彼が平穏な気持ちで死に臨めた一つの理由であると思います。したがって、死を恐れないために長生きするというのも、考慮に入れるべきポイントではないかと思います。

佐藤一斎も、極めて長寿の老人が、枯木のように、病気もしないで死ぬのは聖人の臨終と違いはない（『言志録』）とか、極《ご》く老いた老人の死は「睡眠が如し」（『言志耋《てっ》録』）と二度も言っています。彼自身長寿でしたから、いろいろな人の死を観察する機会があったのでしょう。

死に対する恐怖からわれわれは完全に逃げることはできません。しかし、その恐怖を擦り減らすことはできます。そのために、平均年齢をちょっと超えるくらいの年齢になるまでは、セネカの本を読んだり、あるいは禅宗や他の宗教の修行をするのでも構いませんが、死について学ぶことによって、心がけとして擦り減らしていくようにする。それからあとは、長く生きることで、お経もバイブルもいらなくなる境地に達し得る可能性もあるということです。

死を考えることは、とりもなおさず生について考えることです。死から目をそむけることは、本当の意味で生きることに真剣に向き合っているとはいえないのではないか――セネカはそのことを教えてくれています。

あとがき

人生論をやりたがる年齢というのがあるのではないだろうか。

戦前の旧制高校の学生たちは哲学の本を読んで、ろくに理解したとも思えないのに人生を論ずるのが好きだったようだ。今も残る青年の究極の人生論は、第一高等学校で哲学を学んでいた十八歳の青年藤村操《ふじむらみさお》の自殺とその遺言であろう。

「悠々たる哉天壌《かなてんじょう》、遼々たる哉古今、五尺の小躯を以《もっ》て此の大をはからんとす。ホレーショの哲学ついに何等《なんら》のオーソリチーを價《あたい》するものぞ。萬有《ばんゆう》の眞相は唯《ただ》一言にて悉《つく》す。曰《いわ》く『不可解』。我この恨《うらみ》を懐いて煩悶終《はんもんつい》に死を決するに至る。既に巌頭《がんとう》に立つに及んで、胸中何等の不安あるなし。始めて知る、大なる悲観に大なる楽観と一致するを」

彼はこういう文章を残して明治三十六年五月日光の華厳《けごん》の滝に投身したのである。これは全国的な大反響をよび起こした。それは全く新型の自殺であったからである。武士の切腹でも町人の心中でもない自殺——人生論の死、哲学の死であったからである。それは明治になって新しい思想が日本に入ってきて、人生に対する考え方にも新しい異質のものが入ってきたからである。

キリスト教も明治以後の日本人の人生観に新しい異質な視点を導入した。しかしそれに対する批判的な詩も出た。

「神は常に飢《うえ》に満《み》てり
命《いのち》の実《み》を園《その》に播《ま》きて
稔《みの》れる時むさぼり喰《く》う
神は植《うえ》の故《ゆえ》によりて
神の御名《みな》を讃《ほ》めたたふや

はかなき実を結べる者」

（恒藤　恭「いのちのみ」原文は平仮名で書かれている）

芥川龍之介もこの詩を愛誦《あいしょう》していたというから、彼の人生観にも影響があったのかも知れない。

藤村操や恒藤恭ほど深刻ではないが、私も大学に入った頃から人生論を好んだ。そして中年以後は故・谷沢永一氏と人生について語り合うことを大きな楽しみにしていた。谷沢さんが大阪から上京される時は、それこそ「朋《とも》有り、遠方より来《きた》る、また楽しからずや」という『論語』の冒頭の一句そのままの気持ちであった。

谷沢さんとは東洋の古典を読みながら人生について語り合い、それは二十冊を超える対談本になっている。その場合、われわれの意見は取り上げた古典の作者の意見と合わないことも時々あったが、それはそれでよしとした。また谷沢さんと私の意見が合わないことも時々あったが、それはそれでよしとした。

そしてわれわれ二人が傘寿《さんじゅ》を越えた頃に、テーマとして語り合いたかったのはセネカの人生論であった。しかし谷沢さんのご病気、ご逝去によりそれは果たされなかった。

幸いに谷沢さんにはセネカの人生論についての著書があったので、本誌の中で登場していただくことにした。われわれの意見はセネカの意見と合わないところがある。また私の意見も谷沢さんと合わないところがある。それはそれでよいのだと思う。

読者の方々も、セネカや谷沢さんや私の意見と合う必要はなく、違った考え方は、それ独自の価値がある。自分の考え方を改めて検討する機会になったり、考え直したり、またそれまでの信念を深めたりすること自体が人生論を読むことの意義だと思う。

ついでに私の最近の人生論は、若い頃の恩人であり、高徳な学者であられた佐藤正能先生の次の和歌に要約されているように思う。

死は生の　終わりにあれば　よき生を
　　送る以外に　よき死はあらじ

これならセネカも谷沢先生も同意してくれるのではないだろうか。

本書の原稿整理には致知出版社の番園雅子さんのお世話になりました。感謝しています。またこの企画を下さった同社の藤尾秀昭社長、柳澤まり子専務に心より御礼申し上げます。

藤村操の巌頭の辞から一〇九年目の同月に、谷沢永一氏の御冥福を祈りつつ

平成二十四年五月

渡部　昇一

〈著者略歴〉
渡部昇一（わたなべ・しょういち）
昭和5年山形県生まれ。30年上智大学文学部大学院修士課程修了。ドイツ・ミュンスター大学、イギリス・オックスフォード大学留学。Dr.phil., Dr.phil.h.c. 平成13年から上智大学名誉教授。幅広い評論活動を展開する。著書は専門書のほかに『四書五経一日一言』『渋沢栄一　人生百訓』『「名将言行録」を読む』『論語活学』『歴史に学ぶリーダーの研究』『「修養」のすすめ』『中村天風に学ぶ成功哲学』『松下幸之助　成功の秘伝75』。共著に『上に立つ者の心得――「貞観政要」に学ぶ』『子々孫々に語りつぎたい日本の歴史1・2』『生き方の流儀』『国家の実力』（いずれも致知出版社）などがある。

賢人は人生を教えてくれる

平成二十四年七月二十日第一刷発行

著者　渡部　昇一
発行者　藤尾　秀昭
発行所　致知出版社
〒150-0001東京都渋谷区神宮前四の二十四の九
TEL（〇三）三七九六―二一一一
印刷　㈱ディグ　製本　難波製本
落丁・乱丁はお取替え致します。　（検印廃止）

ISBN978-4-88474-971-2 C0095
ホームページ　http://www.chichi.co.jp
Eメール　books@chichi.co.jp